JN028809

最新版

非公開会社の自社株のしくみがわかる本

ビジネス図解

田儀 雅芳

同文舘出版

最新版刊行によせて

第一版を刊行した3年前と比べ、自社株にまつわるトラブルが増えてきたように感じます。

特に、親族間の株式買取請求権の行使が目立つようになりました。これは、少数株主でも高値での買取請求ができることを謳う弁護士が増えた結果と思われます。さらに、親族間で経営権をめぐり裁判沙汰になるケースが増えています。さらに、親族間で経営権をめぐった争いも増加しています。後継者以外の子が不憫でしようがない親心から、後継者以外の親族と結託して社長を解任または解職する傾向があるようです。

世の中全体の大きな流れとしては、ピラミッド型の組織から、よりフラットな組織が増えつつあり、各社員に権限を与え、主体的に仕事に取り組める環境を作らないと、優秀な人材を集めることが困難な時代になってきました。株主構成も、そうした現状を反映した動きがこれから増えていかざるを得ないでしょう。いわば、オーナー社長が会社を引っ張るパターンから、みんなで会社を経営するパターンです。

今後は、社員が、法律上の規範を超えて「真に人類、地球に役立つ」という理念を共有し、やらされ感でなく、自分事として仕事に取り組める環境作りをしないと、会社の存続も危うくなると思われます。そうした潮流の中で、社員みんなで自社株を保有するパターンがこれから増えてくることが予想されます。

この場合のキーワードは「持株会」です。従来の持株会の目的は、オーナー社長の相続対策の側面が多かったのですが、今後は、みんなで経営する組織に合わせた持株会が必要になります。

最新版では、2021年3月1日施行の改正会社法や2023年10月1日以降施行の税制改正などの最新情報から、新しい持株会の在り方について触れていきます。少しでも皆様の参考になれば幸甚に存じます。

2023年9月

著者

はじめに

我が国の企業数は３５９万社あり、そのうち１万社が大企業で、残りの３５８万社が中小企業です。まさに日本経済を支えているのは中小企業であるといっても過言ではありません。その中小企業の多くが今、高齢化の進展により、喫緊の課題として事業承継の問題に直面しています。

確かに、一番の課題となっている後継者不足は深刻ですが、本書のテーマである自社株の承継については、オーナー社長が原理原則に基づいて対処すれば、それほど大きな問題にはなりません。ところが、原理原則を外れた結果、後継者が社長を解任されるといった大変な事態を引き起こすことになります。さらに、親族から自社株の買取を要求されて多額の資金が流出し、優良会社が借金過多の会社に転落するといったことは、実際、非公開会社で頻繁に起きているのです。

また、事業承継とは直接関係しないものの、外部から招へいした社長を解任しようとしたリクシルグループの創業社長が辞任に追い込まれた事例や、アスクルの社長が業務資本提携先のヤフーから解任された事例などの経営権をめぐる争いも、実はすべて自社株に直結する問題です。したがって、円滑な事業承継と経営権の安定化に不可欠であり、経営基盤を盤石なものにするのが、本書でお伝えする自社株対策なのです。

会社経営の基礎となる法律は会社法です。会社法では、会社は「株式会社」と「持分会社」に分かれており、さらに株式会社は「公開会社」と「非公開会社（株式譲渡制限会社）」に分かれています。非公開会社は公開会社に比べて要件が緩和されており、より柔軟な経営が可能になっていますが、事業承継のみならず、種々のリスクが潜んでいます。本書では、世の中の中小企業のほとんどを占める非公開会社のオーナー経営者に、自社株のしくみを知っていただくことで、そうした会社経営における潜在的リスクの軽減・回避を図り、企業存続に役立てていただくことを目的としています。中でも、一番大きな課題となる事業承継について、相続に係る民法の大改正（特に遺留分）や、事業承継に係る納税猶予の特例制度などについては重点的に説明してあります。

●自社株には大きく分けて3つのリスクがある

自社株に係るリスクは、大きく分けて、①経営権に関するリスク、②資金流出のリスク、③情報流出のリスクの3つがあります。

①経営権に関するリスク

経営権を巡る争いは上場企業ばかりではなく、非公開の中小企業でも同様のことが起きています。経営権とは、株主権の行使により、株主総会や取締役会での決議事項を、自分の方針通りに決定できることをいいます。そのためには、最低でも、議決権のある株式の過半数以上を確保することが必要となります。ところが、税金を優先しすぎて自社株を分散し、経営権を喪失するケースもあります。

また、社長が遺言を書かずに亡くなった場合も、後継者の経営権確保が困難になる要因になります。創業社長の場合、経営権がなくても社長解任に至るケースは多くありません。その理由は、成功した企業においては、オーナー社長のカリスマ性によって、他の株主の造反は困難だからです。しかし、後継者の場合は、社長としての実績もさほどなく、カリスマ性もないケースが大半であるため、取締役を解任されるリスクが高くなります。

②資金流出のリスク

自社株の承継に係る相続税は、通常、後継者個人の現預金では資金が不足する場合が多く、会社からの借入や、死亡退職金等、最終的に会社の資金が流出するケースが多く見られます。また、親族に自社株が分散している場合は、親族から自社株の買取を要求され、多額の買取資金が流出するケースも少なくありません。その他、分散株式の整理に伴い裁判沙汰になる場合も、多額の資金流出につながることがありますので、注意が必要です。

③情報流出のリスク

株主の権利として閲覧謄写請求がされた場合、裁判所の許可を得る必要のないものもあり、会社の業績など社内外に知られたくない情報が流出し、ビジネス上のネックになったり、株主代表訴訟等の訴訟問題や資金流出につながるリスクがあります。特に、親族間等でトラブルが生じた場合は注意が必要です。

以上が自社株に係る代表的なリスクですが、現時点で問題ないからといって自社に問題がないとは言い切れません。社長が元気な間は、問題が表面化しないだけです。経営権やその他の問題は、創業社長が亡くなってから表面化しますので、注意が必要です。

●会社法と税務の両方に精通している専門家は少ない

これらリスクの大半は会社法に関連する問題であり、会社経営にとって極めて重要なのですが、税金の専門家は会社法に弱く、法律の専門家は会社法に強くても税金には弱いケースが少なくありません。自社株問題や事業承継問題は、会社法と税務の両方に専門知識があって初めて正しい解決法を提案できると考えています。

私は、１９８０年後半から三和銀行東日本地区で事業承継チームを立ち上げ、現在に至るまで、チームの皆さんと共に法律・税務の専門家とタッグを組んで情報提供を行ってきました。その経験と知識を本書にまとめたのが本書です。皆さんの会社経営のお役に立てれば幸いです。

田儀雅芳

最新版【ビジネス図解】非公開会社の自社株のしくみがわかる本●もくじ

1章 非公開会社が知っておくべき自社株問題

2章 押さえておきたい自社株の基礎知識

3章 非公開会社の株価の評価方法

4章 自己株式(金庫株)のしくみと活用方法

5章 後継者が経営権を失わないための事業承継対策

6章 知ってトクする相続税・贈与税の納税猶予制度

7章 自社株の分散を防ぐ方法と分散した自社株の整理法

8章 買取価格でもめたときの対応策

9章 会社の資金流出を防ぐための対応策

10章 こんな会社は要注意！ 自社株トラブルよくあるケース

装幀・本文DTP　春日井 恵実
出版プロデュース　株式会社天才工場 吉田 浩
編集協力　堀内 伸浩

※本書は2020年5月発行の初版に2023年8月現在の情報を加筆修正したものです。

1 章

非公開会社が知っておくべき自社株問題

1 そもそも自社株の何が問題なのか？

◉自社株を理解していないと大変なことになる！

中小企業の経営者の中で「自社株問題」に詳しい人は、おそらくそれほど多くはないでしょう。

しかし、もしあなたが創業社長だとしたら、自社株のことを正しく理解していないと、将来あなたが亡くなったときに、後継者や遺族や会社が「大変なこと」になってしまうかもしれないのです。

では、自社株に潜むリスクとは何なのか。大きく分けると次の3つです。

◉自社株問題に潜む3つのリスクとは？

1つ目は**経営権に関するリスク**です。後継者の持株比率が50％未満だと、株主総会の普通決議事項を自分一人で決めることができません。その結果、取締役を自分で決められないばかりか、最悪の場合、取締役を解任されてしまいます。

さらに、重要事項については3分の2以上ないと自分だけで決められません。したがって、最低でも自社株の過半数、できれば3分の2以上が後継者のものになるように手を打っておく必要があるのです。

2つ目は**会社の資金流出のリスク**です。自社株の承継に関わる莫大な納税資金を後継者の代わりに会社が負担しなければいけなくなったり、親族等に分散した自社株の買取請求をされたりすると、自ら買取る資金を会社から借り入れたり、会社が自己株式を取得するなどして、会社の資金が大量に流出し、資金繰りが悪化することがあります。

特に儲かっている会社の場合は、自社株の評価額が高くなっていますので注意が必要です。

3つ目は**会社の情報流出のリスク**です。株主には決算書類等、株主名簿、株主総会議事録、取締役会議事録、会計帳簿などを閲覧請求する権利があります。これらの権利を行使されると、社内外に会社の情報がオープンになり、商取引の条件悪化、売上減少、経営権喪失、訴訟、資金流出といったリスクにつながります。

自社株問題に潜む3つの大きなリスク

①経営権に関するリスク

自社株が1株でも分散していると……
- 株主代表訴訟を起こされる
- 株主総会決議取消訴訟を起こされる

後継者の持株比率が3分の2未満だと……
- 株主総会の特別決議が必要な案件が後継者一人で決められない

後継者の持株比率が50%以下だと……
- 株主総会の普通決議が必要な案件が後継者一人で決められない
- 後継者が取締役を解任されてしまう可能性が出てくる

▼

事業承継失敗。会社の乗っ取り

②会社の資金流出のリスク

儲かっている会社は株価が何十倍、何百倍になっている可能性があり、莫大な贈与税・相続税が発生

▼

後継者や遺族が贈与税・相続税を払えないと、会社が負担しなければならず、会社の資金が流出 ▶ **資金繰りが悪化**

相続で自社株が分散すると、親族等から自社株の買取請求を受ける

▼

会社の資金が流出 ▶ **資金繰りが悪化**

③会社の情報流出のリスク

株主には決算書類等、株主名簿、株主総会議事録、取締役会議事録、会計帳簿を閲覧請求する権利がある

▼

株主が権利を行使 ▶ **会社の情報がオープンになり、商取引の条件悪化など**

2 経営権に関するリスク

後継者が解任されてしまう

◉創業者の死後、自社株を法定相続割合通りに相続

これは石油販売を業とするA社で、実際に起こった悲劇です。

創業者である代表取締役会長が死亡したことによって、会長が保有していたA社の株が遺族に相続されることになりました。

遺族は、会長の妻と、社長である長男、そして専務である次男の3人。もともとA社の株は会長が100％保有していたのですが、長男に社長の座を譲ったときに、10％を長男に譲渡していました。

したがって、会長死亡時のA社の株は、会長が90％、長男（社長）が10％でした。

そして、会長の死亡によって、会長が保有していた90％の株を、法定相続割合に応じて、妻が2分の1（45％）、2人の兄弟が4分の1（22・5％）ずつ相続。その結果、A社の株は次の比率になりました。

①会長の妻45％
②長男（社長）32・5％（10％＋22・5％）
③次男（専務）22・5％

ところが、この自社株の相続が、A社にとっての悲劇の始まりとなったのです。

◉会長の妻と次男が共謀して社長を解任

それまでは、家族3人仲がよかったのですが、あるときを境に、会長の妻と長男との折り合いが悪くなりました。そして、会長の妻は次男と共謀して臨時株主総会を開き、社長である長男を取締役から解任してしまったのです。

会長の妻が持つ45％の株と、次男の22・5％を足すと67・5％となり、過半数を超えるため、解任を決議されてしまったというわけです。

これはまさに、自社株対策を何もしていなかったことが招いた悲劇といってもいいでしょう。

事業承継では後継者をどうするかや相続税をどうするかといった問題が取り沙汰されがちですが、実は後継者が経営権を失わないようにすることが、事業承継における最も重要な課題なのです。

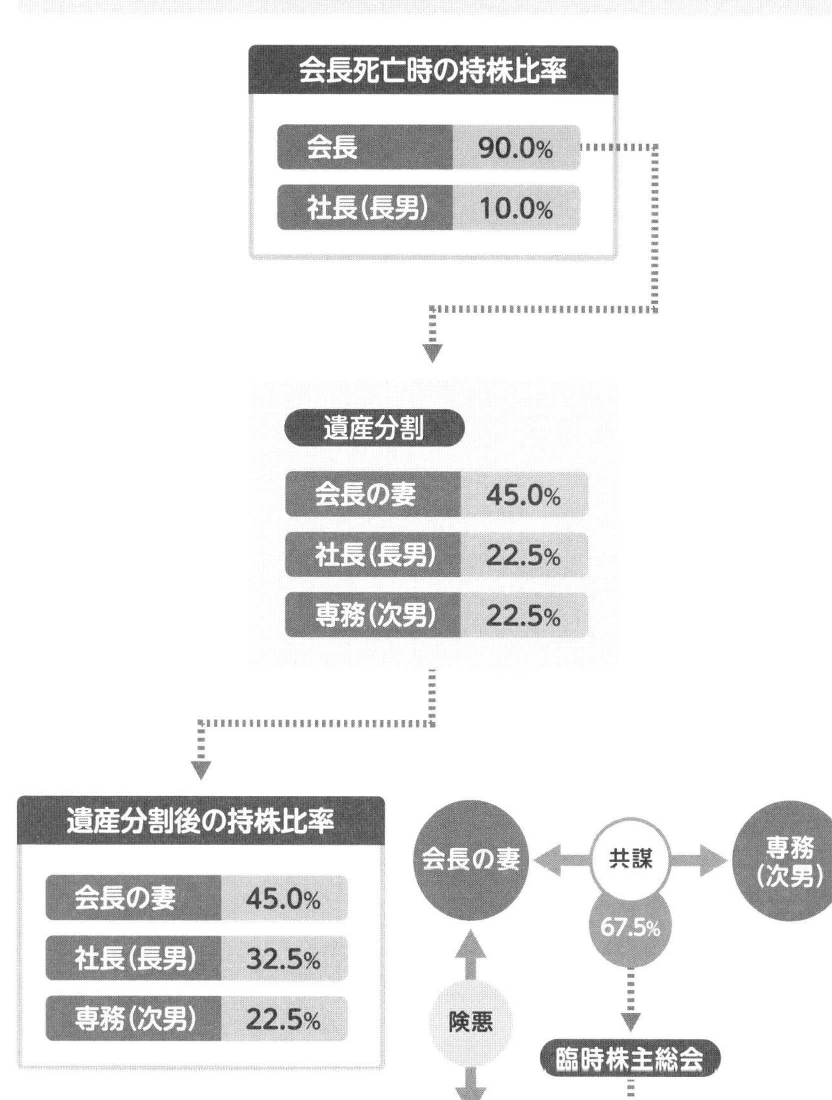
後継者である長男が解任されてしまったケース
会長死亡時の持株比率
会長 90.0%
社長(長男) 10.0%
遺産分割
会長の妻 45.0%
社長(長男) 22.5%
専務(次男) 22.5%
遺産分割後の持株比率
会長の妻 45.0%
社長(長男) 32.5%
専務(次男) 22.5%
会長の妻
共謀
専務(次男)
67.5%
険悪
臨時株主総会
社長(長男)
解任

3 会社の資金流出のリスク　莫大な相続税が払えない

◉いきなり2・4億円の相続税が……

もうひとつ、実際にあった悲劇をご紹介しましょう。

これは美容関係製品の販売会社であるB社で起こった話です。B社は創業30年の会社ですが、10年ほど前から急成長し、自社株の評価額も業績に連動してどんどん上昇していました。

そして、社長が死亡する直前期には、自社株の相続税評価額は、なんと約100倍になっていたのです。

ところが、社長も、後継者である長男も、社長の妻も、このような自社株の評価に関する知識は持っていませんでした。これが悲劇の始まりだったのです。

社長の死後、社長の資産の評価額を計算してみると、なんと自社株の評価額は約10億円になっていました。これに自宅の評価額が約1億円で、現預金が約1億円あり、相続財産の合計は12億円。

これを社長の妻と長男の二人で相続することになり、相続税は2・4億円。金銭での一括納付は不可能な状況で、物納や延納も事実上、困難な状況でした。

◉相続税を納めるために会社の所有不動産を売却

このような状況の中で、遺族はどうやって相続税を納めたのか？

最初はB社から借りることを検討しましたが、B社に現預金はなく、かつB社はその後の業績悪化により金融機関からの借り入れが難しい状況でした。

そこで、B社は所有していた不動産の一部を売却することで現金を捻出。そのお金で遺族が相続した自社株の一部を自己株式として買取り、その代金で遺族が相続税を納めたのです。

このように納税資金を捻出するために会社の資金が流出してしまうことは、会社にとっては大きなリスクです。最悪の場合は、会社の存続すら危ぶまれる事態となりかねない重大な問題といえます。

したがって、株式公開をしていない中小企業の社長は、自社株の評価方法を知り、評価額を把握しておく必要があるといえるでしょう。

自社株の評価方法については、3章で説明します。

多額の相続税が発生してしまったケース

B社が急成長

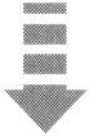

自社株の評価額も上昇
額面の約100倍に！

相続発生
相続財産：自社株10億円＋自宅1億円＋現預金1億円＝12億円

相続税2.4億円
金銭での一括納付は不可能。物納や延納も困難

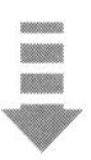

相続税を納めるために会社の所有不動産を売却。
売却代金で遺族の自社株の一部を会社が買取る

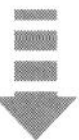

その代金で遺族が相続税を納める

会社の資金が流出
最悪の場合、会社が危機に！

4 会社の情報流出のリスク　重要事項を見られてしまう

◉大口販売先の株主から計算書類を見られたケース

経営権の問題や資金流出にもつながる極めて重要なリスクが、会社の情報流出です。実際に起こり得るケースをお話ししましょう。

A社の先代社長と、大口取引先B社の先代社長とは親密な関係にあり、B社に持株の1%を持ってもらっていました。B社は、A社が契約通りの商品を納入していたため、決算書類も開示していませんでした。

その後、両社の社長に相続が発生し、それぞれ後継者が社長となりましたが、人的関係は希薄になっていきました。そんな中、B社は以前ほど儲からなくなり、A社に販売価格の引下げを要請することにしました。そこで、A社の決算内容を把握するため、決算書の開示を要請し、A社はやむなく情報開示に応じることになりました。

A社の決算内容を見たB社は、販売価格の引下げに問題ないと判断。交渉の結果、引下げの要求に成功しました。

◉親族に会計帳簿、取締役会議事録を見られたケース

C社の元社長は持株の過半数を保有しており、社長の兄弟は取締役として30%の持株を保有していました。元社長の相続後、後継者が元社長の兄弟を追い出し、取締役のすべてを後継者の側近で固めました。

後継者は独善的に新規に大口先との取引を始めましたが、しばらくして先方が倒産し、会社は大きな損害を被りました。元社長の兄弟である株主は、後継者の経営責任の追及と損害賠償を目的として、株主代表訴訟を起こすことを決め、会計帳簿と取締役会議事録の閲覧請求を請求することになりました。

会計帳簿については、後継者の経営責任が確定的にならなくても、その可能性だけで請求が認められています。当初、会社は開示を拒絶しましたが、その拒絶理由を立証する義務があるため、最終的に会計帳簿の閲覧請求に応じ、さらに裁判所の決定により取締役会議事録の閲覧請求にも応じることになりました。

取引先に計算書類を入手され、販売価格引下げになったケース

先代社長同士が親密な関係
▼
代替わり後、両社の人的関係希薄
▼
B社が決算書類の開示請求
▼
B社がA社の決算内容把握
▼
B社がA社に販売価格の引下げ要求
▼
A社が販売価格引下げに応じる

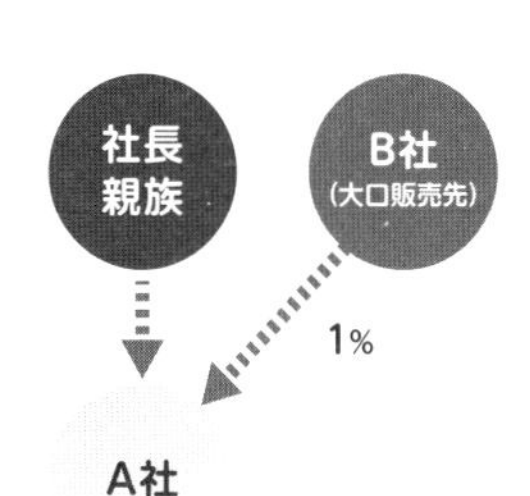

親族から株主代表訴訟目的の閲覧請求に応じたケース

元社長と兄弟が取締役として共同経営
▼
相続発生、後継者が取締役全員を側近で固める
(元社長の兄弟を取締役から外す)
▼
後継社長が独善的に大口新規先との取引開始
▼
大口取引先が倒産し、多額の損失を被る
▼
元社長の兄弟(30%の株主)が株主代表訴訟提起を決定
▼
元社長の兄弟(30%の株主)が会計帳簿と
取締役会議事録の閲覧請求
▼
会計帳簿閲覧請求に応じる
拒否する場合、会社に立証責任がある
▼
裁判所の決定により、取締役会議事録の閲覧請求に応じる

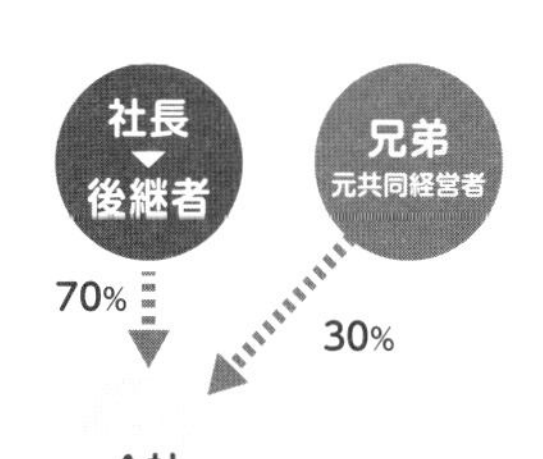

COLUMN 1

オーナー社長の財産の大半は自社株である

今でこそ隆々たる会社であっても、設立当初は会社の運転資金を金融機関から借入れることは容易ではありません。そのため、社長が借金したりして会社につぎ込んだ結果、社長の財産に占める自社株の割合が高くなることが往々にしてあります。

さらに、財務体質強化のために、儲かった利益を剰余金として蓄積（内部留保）することで株価が高くなり、自社株割合が一段と大きくなります。

そのような会社が後継者に事業を承継する場合、経営権確保に必要な自社株を後継者に集中する必要が生じてしまいます。その結果、相続時の遺産分割において後継者の比率が法定相続分を大きく超えることになり、極めて不平等な分割にならざるを得ません。

大抵の場合、自社株に比べて現金資産の割合は低く、後継者以外の相続人に現金資産を多く渡しても、不平等を改善することはできません。

自社株に係る相続税の猶予制度を適用することもできますが（詳しくは6章）、これは後継者は多額の資産を承継しても、それに係る相続税は負担しなくてもよいという制度で、ますます不平等感が増し、分割でもめるリスクが大きくなります。

したがって、遺言はもちろんのこと、生前贈与や譲渡も含めた事前の対策がより重要になってくるのです。

2章

押さえておきたい自社株の基礎知識

1 自社株はどのようにして発行するのか？

◉ベースとなるのは定款

会社を設立する場合、会社の憲法といわれる定款を作成します。定款は法的な効力がある書類で、公証人の認証を受ける必要があります。変更をする場合には、株主総会の特別決議で3分の2以上の賛成を得なければなりません。

この定款には発行可能株式総数（発行限度）、事業内容、取締役、取締役会、監査役、株主総会、決算期等の最低限必要な事項や、会社に将来起こり得るトラブル防止に役立つ条件などを記載します。

◉株式発行時に決めるべき主な事項

非公開会社の株式の発行上限は、通常、実際に発行する株式数の4倍以上に設定します。将来、新たに株式を発行する場合、効率的に実施できるようにするためです。上限を超える場合には、株主総会の特別決議により上限を増やすことになります。

次に、資本金を決め、発行株式数を決めることになります。資本金は1円でも設立可能ですが、以前施行されていた最低資本金制度に沿って1000万円にするケースが最も多く見られます。

たとえば、資本金1000万円で1株あたりの払込金額を500円とすると、発行株式数は2万株になります。払込金額は自由に決めることができます。資本金を増やす（増資）場合、当初の500円でなく、増資時点での高い株価で払込む（時価発行増資）こともあります。

資本金が決まると、資本金相当の現金を銀行に払込むことになりますが、ここで、誰がどんな割合で払込むか（出資割合）で株主構成が決定します。社長一人で払込む場合は、持株比率は100％になります。共同経営で複数で払込む場合は、社長の持株比率は最低でも過半数を確保する必要があります。なぜなら、取締役を選んだり解任することは株主総会の普通決議の対象事項で、過半数の賛成により決定されるため、取締役の全員を選んだり解任することを自分一人で決めることができる（経営権）ようになるからです。

自社株を発行するときに決める主な事項

総発行株式数（発行限度）

定款の中で総発行株式数（発行限度）を決める

資本金をいくらにするか決める

以前の最低資本金制度にならい、1,000万円が多い

1株あたりの払込金額を決める

払込単価は自由に決められる

例
資本金 ………………… 1,000万円
1株あたりの払込金額 ……… 500円
発行株式数 …………… 20,000株

出資割合（払込みの割合）

株主構成が決まる

出資人数	出資者	払込金額	持株比率
1名	社長	1,000万円	100%
3名	社長	5,100千円	51%
	A氏	3,000千円	30%
	B氏	1,900千円	19%

経営権の確保

- 取締役の選任・解任⇒株主総会の普通決議事項⇒過半数の賛成で可決
- 社長が過半数の持株比率確保
- 社長1人で、取締役全員を選ぶ（選任）辞めさせる（解任）ことができる

2 株主の権利には2つの側面がある

◉**自益権とは経済的利益の享受を目的とした財産権**

株主の権利には、大きく分けて**自益権**と**共益権**という2つの種類があります。

自益権とは、配当などの経済的利益の享受を目的とした財産権で、具体的には利益配当請求権、残余財産分配請求権、株式買取請求権、名義書換請求権などです。

ちなみに、自益権のすべての権利は、1株でも持っていれば行使できる単独株主権です。

◉**共益権には単独株主権と少数株主権がある**

一方、共益権とは、会社経営への参画を目的とした経営権です。この共益権は1株でも持っていれば行使できる単独株主権と、一定数以上の株式を保有している株主でなければ行使できない少数株主権があります。

単独株主権には、株主総会における議決権、株主代表訴訟提起権、株主総会決議取消訴訟提起権、取締役違法行為差止請求権、募集株式発行差止請求権などがあり、これらの権利を行使することで経営に参画できるようになっています。

また、株主総会議事録や取締役会議事録、株主名簿、決算書類の閲覧謄写請求権も単独株主権ですので、株主はこれらの権利を行使することによって、経営を監視することができるのです。つまり、たった1株でも、株主にはこんなに強力な権利があるというわけです。

次に、一定数以上の株式保有が必要な少数株主権には、株主総会の議案を提案できる株主提案権や、取締役・監査役解任請求権、株主総会招集請求権、会計帳簿閲覧謄写請求権、解散請求権、簡易合併・分割・株式交換・事業譲渡への異議申立権など、経営に大きな影響を与える権利があります。

なかでも閲覧謄写請求権は、裁判所の許可を要するものと要しないものがありますが、この権利を行使されると非公開会社であっても社外株主に対して社内の重要情報が流出することになりますので、注意が必要です。

なお、それぞれの権利行使に必要な株式数は左ページの通りです。

株式の2面性

株式	共益権	権利の行使が株主全体の利益に関係するもの。 単独株主権と少数株主権がある。
	自益権	権利の行使が本人の利益だけに関係するもの。 単独株主権のみ。

株式会社における株主の権利の概要

大分類	中分類	保有要件	内容
自益権	単独株主権	1株	利益配当請求権、残余財産分配請求権、株式買取請求権、名義書換請求権
共益権	単独株主権	1株	議決権、代表訴訟提起権、株主総会決議取消訴訟提起権、取締役違法行為差止請求権、閲覧謄写権(株主総会議事録、取締役会議事録、株主名簿、決算書類)、募集株式発行差止請求権、無効訴訟提起権(会社設立、募集株式発行、資本減少、合併、会社分割、株式交換、株式移転)
	少数株主権	総株主の議決権の1/100以上	株主総会検査役選任請求権 (公開会社は6ヵ月継続保有)
		総株主の議決権の1/100以上または300個以上	株主提案権 ※取締役会「非設置会社」→1株 (公開会社は6ヵ月継続保有)
		総株主の議決権の3/100以上	取締役・監査役解任請求権、株主総会招集請求権、会計帳簿閲覧謄写権 ※帳簿閲覧請求権は発行株式数の3/100も可(議決権なし)
		総株主の議決権の1/10以上または発行済株式の1/10以上	解散請求権

3 株式会社には非公開会社と公開会社がある

◉違いは全発行株式に譲渡制限があるかないか

会社の形態には株式会社と持分会社があり、さらに株式会社は非公開会社と公開会社とに分かれます。

非公開会社と公開会社の違いは、全発行株式に譲渡制限（譲渡に承認が必要）があるかないかです。上場会社はすべて公開会社ですが、非上場でも譲渡制限のない株式を発行している会社は公開会社となります。

◉非公開会社は弾力的な運営が可能

非公開会社は公開会社に比べて要件が緩和されており、弾力的な運用が可能で、主な点は次の5つです。

①機関設計の簡素化

取締役会なしにすれば、取締役1名のみ、監査役なしで済みます。取締役会の設置と非設置、監査役の有無により、条件やリスクが変わります。

②経営権に係る事項

株主総会の議案は事前に決定された目的事項しか決議できませんが、取締役会非設置会社の場合は、一切の事項について決議できる万能の機関であり、1株保有していれば（保有期間の制限なし）、株主総会の場で新たな議案を提案し、決議することができます。

③株主ごとに異なる権利を付与（属人的株式）

非公開会社の場合、属人的に特定の株主に対し、「議決権」「剰余金の配当」「残余財産の分配」について持株比率とは異なる権利の付与が可能になります。

④無議決権株式の発行限度

非公開会社では、発行限度が撤廃されたため、極端なケースとして、社長に1株残し、他の持株を無議決権株式に転換して従業員持株会に安い株価で売却することも、理論上可能になります。

⑤相続人等に対する自社株の強制取得

譲渡制限株式を譲渡する場合、会社等の承認が必要ですが、一般的に「相続」は譲渡に該当しないため、相続により社外の遺族に自社株が承継されてしまうリスクがありました。しかし、定款に謳うことにより、相続による株式分散リスクを回避することが可能となります。

会社法における非公開会社の位置付け

株式会社	非公開会社 (全株式に譲渡制限あり)	取締役会設置会社	本書の対象
		取締役会非設置会社	本書の対象
	公開会社 (全株式または一部に譲渡制限なし)	取締役会設置会社	
持分会社	合名会社	全員無限責任社員	
	合資会社	無限責任社員+有限責任社員	
	合同会社	全員有限責任社員	

非公開会社が緩和されている項目

	公開会社	非公開会社		
	取締役会あり	取締役会あり	取締役会なし	
			監査役あり	監査役なし
株主総会の目的決定と招集	取締役会で決議し、代表取締役が招集(事前決定した目的以外のことは決議できない)		取締役が決議し、取締役が招集(事前決定は不要) 1名:単独、複数:過半数	
取締役の選任・解任	株主総会で議決権の過半数の賛成			
代表取締役の選定	取締役会で多数決で選定		取締役複数の場合⇒株主総会で決議	
株主の株主総会招集請求権	議決権の3%(6カ月継続保有)	議決権の3%(継続保有なし)		
株主総会招集期間	2週間	1週間	定款で期間短縮可能	
株主提案権	議決権の1%以上または300個の議決権を6カ月継続保有	議決権の1%以上または300個の議決権(保有要件なし)	1株で可能	
株主総会の場での議案提案	修正動議に限定される		新たな議案提出可能	
取締役の任期	選任後2年以内の最終定時株主総会終了時	最長で選任後10年以内の最終定時株主総会終了時		
株主ごとに異なる権利を付与(属人的株式)	原則、適用なし	特定の株主に対し ①議決権、②剰余金の配当、③残余財産の分配について異なる権利を付与可能(株主総会特殊決議要件)		
無議決権株式発行限度	発行株数の1/2	上限なし。1株のみ議決権あり、その他はすべて無議決権株式も可能		

4 株主総会の決議は3種類ある

◉株主総会は会社の最高意思決定機関

会社の最高意思決定機関が株主総会です。決議事項の重要度によって、その方法が異なり、**普通決議**、**特別決議**、**特殊決議**の3つに分かれています。

1つ目の普通決議とは、出席した株主が保有する議決権の過半数の賛成で成立するものです。定足数は総株主の議決権の過半数ですが、定款によって定足数を緩和することもできます。

具体的な決議事項としては、経営権確保にとって最も重要な取締役・監査役の選任、取締役の解任、計算書類や配当等の利益分配の承認などがあります。

したがって、社長が保有している議決権のある株式が過半数を下回ってしまうと、社長を解任されてしまう可能性が出てくるということです。

◉社長が3分の2以上の株式を保有していれば安泰

2つ目の特別決議とは、出席した株主が保有する議決権の3分の2以上の賛成で成立するものです。定足数は総株主の議決権の過半数ですが、定款で3分の1まで緩和することもできます。

具体的な決議事項としては、定款変更、第三者割当の募集株式・新株予約権の発行、相続人等に対する株式の売渡の請求、監査役の解任、会社の組織変更行為などです。これらは経営権に関わる株主構成の変更や会社の形を変えることにつながります。

社長が3分の2以上の株式を保有していれば、会社の重要なことは、ほとんど社長の一存で決められることになります。

3つ目の特殊決議は、特別決議よりもさらに厳重な決議方法です。まず定足数が「総株主の半数以上」で(定款で緩和はできない)、①議決権の3分の2以上の賛成が必要なものと、②議決権の4分の3以上の賛成が必要なものの2種類があります。

①には全部の株式に譲渡制限の設定などがあり、②には株主の人的属性に基づき、株主平等原則に反して権利内容に差を設ける場合があります。

会社法における株主総会の主な決議事項

普通決議	定足数	総株主の議決権の過半数 (定款により撤廃可能、役員の選・解任は1/3が下限)
	決議方法	出席した株主が保有する議決権の過半数の賛成
	決議対象	取締役・監査役の選任、取締役の解任、取締役・監査役の報酬の決定、計算書類や利益分配の承認、減準備金(資本準備金→その他資本剰余金または資本金、利益準備金→その他利益剰余金、資本金)
特別決議	定足数	総株主の議決権の過半数 (定款により1/3以上まで引き下げ可能)
	決議方法	出席した株主が保有する議決権の2/3以上の賛成 (定款により、一定の数以上の株主の賛成を要する旨その他の要件を定めることが可能)
	決議対象	「株式譲渡制限会社」における第三者割当の募集株式・新株予約権の発行 特定の株主からの株主との合意による自己株式(金庫株)の取得 相続人等に対する売渡の請求 定款変更(譲渡制限の設定に係るものは特殊決議)、事業譲渡、解散、組織変更、再編〜合併、会社分割、株式交換、株式移転 資本減少(原則、その他資本剰余金、決議により資本準備金に振替可能) 現物配当 監査役の解任、取締役・監査役の責任の一部免除
特殊決議	定足数	総株主の半数以上(定款で要件を引き上げることが可能)
	決議方法	総株主の議決権の イ. 2/3以上の賛成…①②③ ロ. 3/4以上の賛成…④ (定款で要件を引き上げることが可能)
	決議対象	①株式譲渡制限の設定 ②合併により消滅する株式会社または株式交換をする株式会社が公開会社で、その株主に譲渡制限株式を交付する場合 ③合併または株式移転をする株式会社が公開会社で、その株主への譲渡制限株式の交付をする場合 ④株主の人的属性に基づき権利内容に差をつける場合

5 種類株式は9種類ある

◉権利の内容が異なる株式を発行できる

株主の権利内容はみんな同じと思っている人も多いと思いますが、実は定款で定めることによって、一定の事項について優先的もしくは劣後的な取扱いを受ける株式を発行してもよいことになっています。

このような株式を「**種類株式**」といい、現在9つの種類株式の発行が認められています（左ページ参照）。

この種類株式をうまく活用することによって、事業承継にまつわるトラブルを未然に回避することができるのです。

◉種類株式を活用すればトラブル回避も可能

その1つが**議決権制限株式**です。これは株主総会の決議事項の全部または一部に対して議決権のない株式のことです。たとえば後継者以外の親族や役員、社員の株式を無議決権株式にすることによって、後継者の議決権割合を高めることができます。

2つ目が**取得条項付株式**です。これは、あらかじめ定めた一定の事由が生じた場合に、あらかじめ定めた価格または評価方法で、会社が強制的に買取ることができる株式です。

たとえば、役員を退任したり社員が退職したりしたときには強制買取ができるようにしておくことで、買戻しや買取価格で生ずるトラブルを解消し、もめることなく株式の社外流出を防ぐことができます。

3つ目が**拒否権付株式（黄金株）**です。これは、一定の事項について特定の株主に拒否権を付与する株式で、この株主が同意しない限り、その事項については決定することができないようにした株式です。

たとえば、株主総会または取締役会の決議事項について拒否権を有する株式を社長が保有することによって、過半数の株を承継した後継者が株主権を乱用することに歯止めをかけることができます。ただし、あくまで拒否だけであり、自ら決定することはできません。

このように、種類株式を活用することで、自社株を巡るトラブルを防ぐことができます。

異なる種類の株式

定款により下記の内容の異なる定めをした2種以上の種類株式を発行できる（ただし、④⑤⑥は全株式を各条件の株式にすることができる）。

①剰余金の配当（会社法108条1項1号）
一部の株式が配当優先株式、配当普通株式、配当劣後株式となる。

②残余財産の分配（会社法108条1項2号）
一部の株式が残余財産について優先株式、普通株式、劣後株式となる。

③株主総会において議決権を行使できる事項（会社法108条1項3号）
一部の株式が議決権制限株式となる。

④譲渡による当該種類株式の株式の取得について当該株式会社の承認を得ること（会社法108条1項4号）
一部の株式が譲渡制限株式となる。

⑤株主が当該発行会社に対して取得を強制的に請求できること（会社法108条1項5号）
一部の株式が取得請求権付株式となる。

⑥発行会社が一定の事由が生じたことを条件とし、あらかじめ定められた価格で強制的に取得できる（会社法108条1項6号）
一部の株式が取得条項付株式となる。

⑦発行会社が株主総会の特別決議により全部の当該株式を取得できる（会社法108条1項7号）
一部の株式が全部取得条項付種類株式となる。

⑧株主総会において決議すべき事項のうち当該種類株主による種類株主総会の決議があること（会社法108条1項8号）
株主総会の決議に対する種類株主の拒否権、買収防衛策における黄金株。

⑨種類株主総会において取締役・監査役の選任権を有する（会社法108条1項9号）
役員選任権付種類株式で非公開会社のみが発行できる。

6 特定の株主に対する属人的な取扱い

◉株主ごとに異なる権利が定められる

種類株式は、株式に対し種々の権利を付与していますが、**特定の株主に対して異なる権利を付与すること**ができます。

非公開会社（全株式譲渡制限会社）では、株主平等原則に反して株主総会の議決権、剰余金の配当、残余財産の分配について、株主ごとに異なる権利を定める取扱いを定款で定めることができます。

この権利は、旧有限会社法にて認められていましたが、有限会社法が会社法に吸収された結果、株式会社でも認められるようになりました。

◉特定の株主に対し特別な権限を付与する手続き

株主総会の特殊決議（総株主の半数以上かつ議決権のある株式の4分の3の賛成）により定款に謳うことで、特定の株主に対し特別な権限を付与できます。

登記は、種類株式の場合と異なり、属人的な定めをする場合は不要です。したがって、商業登記簿謄本を閲覧してもそのような定めがあるかの確認はできません。また、特定の株主に対する属人的な定めであるため、その株主が死亡した場合には自動的にその権利は消滅しますので、種類株式のようにその株式が問題株主に渡るリスクはありません。

適用事例は次の通りです。

①株主総会における議決権

オーナー社長に対し、属人的に持株数にかかわらず3分の2等の議決権を付与すれば、**1株だけ残して、経営権を保持したまま、安心して後継者に早期に株価の低い時期に承継が可能**になります（詳しくは5章13項）。特定の株主は、法人も対象になります。

②剰余金の配当

グループ会社において関係会社が株式を一部保有している場合で、その会社には配当せず、個人株主にだけ配当したいときは、その持株を配当劣後株式に転換する必要はなく、定款を変更するだけで法人株主への配当を制限することができます。この場合には、対象となる法人の同意が不可欠です。

特定の株主の属人的に異なる取扱い（会社法108条）

対象会社	非公開会社（全株式譲渡制限会社）
対象になる株主の権利	①剰余金の配当を受ける権利 ②残余財産の分配を受ける権利 ③株主総会における議決権
対象になる特定の株主	特定の個人または法人
手続き	●株主総会の特殊決議⇒総株主の半数以上かつ議決権の3／4の賛成 ●定款に株主ごとに異なる定めを謳う ●登記は不要

事例

①議決権

●特定の株主に対し、持株数にかかわらず、一定の議決権を付与する
●持株数にかかわらず、全株主に対し、1人1個の議決権とする

②剰余金の配当、残余財産の分配

●持株数にかかわらず、すべての株主に同額の配当をする
●特定の株主に対し、優先的に配当を受ける権利を付与

下記のニーズを持っているオーナー社長

●後継者に経営権を渡すには時期尚早だが、
●自社株の承継は、早期に株価が低い時期に行いたい

最適の方法

定款変更により、持株数にかかわらず2／3の議決権を付与し1株を残し、
後継者に自社株を承継する

※特定の株主に対し、属人的に異なる権利を定めた場合においてその株主に相続等が発生した場合には、自動的に権利は消滅する。

7 自社株の承継方法

◉承継方法によってコストが変わる

自社株は、承継方法によって株価が異なり、資金や納税負担などのコストに差が出てきます。自社株の承継方法には、次の4つが挙げられます。

①相続時に承継（適用株価：相続税法上の株価）

社長の相続時に自社株を承継する場合、相続時の株価が想定外に高くなるリスクがあります。さらに、自社株が後継者に集中し不平等な遺産分割となるので、相続争いが起きやすくなります。そのため、遺言は必須です。遺留分（法定相続分の2分の1の権利）侵害額の請求をされた場合は、多額の金銭で支払う必要が出てくるため、自社株を換金しなければならない事態となり、会社の資金流出のリスクにつながります。

②生前に贈与（適用株価：相続税法上の株価）

自社株は株価が低いタイミングで後継者に承継できますが、相続前10年間の贈与は遺留分算定の対象になります。株価は、贈与時でなく相続時、かつ時価による株価が適用されるため、想定外に多額になるリスクがあります。遺留分侵害額の請求により、会社の資金流出のリスクになります。

③生前に後継者に譲渡（適用株価：相続税法上の株価）

後継者に生前譲渡する場合、株価が低いタイミングでの実行が可能です。自社株が現金資産に換わり、遺留分対象の財産評価が増えないため、遺留分侵害のリスクは大きく減少します。また、不平等な遺産分割を是正でき、社長を辞めることなく退職金相当のキャッシュを手に入れることもできます。自社株の譲渡益は分離課税で、20.315%の一定税率で課税されます。

④生前に持株会社に譲渡（適用株価：法人税法上の株価）

譲渡先が持株会社の場合は、間接的に自社株の承継ができます。譲渡の株価は③より高くなるので、譲渡代金は多額となりますが、退職金を多くとりたい社長にはおすすめの方法です。その他は③と同様です。

なお、②③④とも、経営権を維持したままで自社株の承継をすることができます（詳しくは5章13項）。

自社株の承継方法

	相続	生前贈与	生前譲渡	
自社株承継方法	そのままで承継	暦年贈与 相続時精算課税制度	後継者個人に譲渡 個人資金負担解消可能	持株会社に譲渡 (後継者支配権あり)
適用株価	相続税法上の株価			法人税法上の株価 左記より株価高い
生前退職金とる場合	社長を辞める必要あり 分離課税累進最高27.5%		売却代金=退職金 社長辞める必要なし 分離課税一定20.315%	
税金	相続税	贈与税 所得税	譲渡所得税	
相続財産	相続時の株価で算定	退職金で株価低下するが、退職金相当分増加	増えない 自社株⇒売却代金	増えるが不動産に置換えで評価減
遺留分	請求リスクあり		請求リスクなし(原則)	
個人の資金負担	持株の一部を持株会社に譲渡し、解消			負担なし

POINT 社長に1株残して3分の2以上の議決権を付与すれば、経営権を保持したまま後継者に自社株を承継できる。

遺留分侵害額請求

遺留分	法定相続分の1/2をもらう権利(相続人の兄弟は権利なし。親は1/3)
対象	相続時の財産+過去の生前贈与(原則10年分)
贈与株式の評価	贈与時でなく、相続時の株価(もめると裁判所が価格決定)
遺産分割	自社株の占める割合が多く、不平等分割になる ⇒ 請求リスク大
遺言と請求リスク	自社株の後継者への集中に必須だが、請求リスクあり
侵害額請求	金銭で支払い ⇒ 自社株換金のため、会社の資金流出

8 株主から閲覧請求された場合、開示の対象となる書類①

◉開示の対象となる書類とは？

株主から閲覧請求をされると、オープンにしたくない会社の情報も開示しなければなりません。株主から閲覧・謄写の請求を受けた場合、開示の対象となるものは次の通りです。

①**無条件に開示する必要のあるもの**……計算書類等、株主総会議事録、定款（すべて単独株主）

②**事由により会社が拒否できるもの**……株主名簿（単独株主）、会計帳簿（3％未満保有の株主）

③**裁判所の許可を要するもの**……取締役会議事録（単独株主）、子会社の株主総会議事録・取締役会議事録・計算書類等・会計帳簿・株主名簿

◉無条件に開示する必要のあるもの

①**計算書類**

貸借対照表、損益計算書、株主資本等変動計算書、個別注記表をいいますが、株主が仕入先である場合、会社が赤字であることが判明すると、仕入先から商品の仕入条件を厳しくされるというリスクがあります。

逆に、1章4項の事例のように、株主が販売先である場合、会社が儲かっていると、販売価格の引下げの材料につながるリスクがあります。

②**株主総会議事録**

株主は、いつ、どのような形で株主総会を開催し、取締役の選任、増資、定款変更、組織再編等の重要事項について決議したかを知ることができます。そして、株主総会の手続きに不備がある場合は、総会決議の日から3カ月以内であれば、決議取消の訴訟を起こすことができます。

③**定款**

株主は取締役数の上限や、取締役の選任・解任条件、属人的な株主の権利、株主総会への代理出席の条件、相続人等から自社株を強制取得できるか否か等、定款を見ないとわからない重要事項を知ることができます。

株主から閲覧・謄写の請求を受けた場合の開示の対象

種別	閲覧対象	持株要件	権利内容
①無条件に開示する必要のあるもの	計算書類等(貸借対照表、損益計算書、株主資本等変動計算書、個別注記表) 株主総会議事録 定款	単独株主 (1株でよい)	営業時間内であればいつでも閲覧・謄写の請求ができる。
②事由により会社が拒否できるもの	株主名簿	単独株主 (1株でよい)	営業時間内であれば、株主名簿の閲覧・謄写の請求ができる。 閲覧請求の理由を明示する必要がある。ただし、理由によっては、会社は請求を拒否することができる。
	会計帳簿	議決権の3%以上または発行株式の3%を保有する株主	請求の理由を明示する必要がある。これが閲覧拒絶事由に該当した場合は、会社は請求を拒否することができる。 ただし、取締役の責任に対する株主代表訴訟を起こす目的の場合には、会社は拒否できない。
③裁判所の許可を要するもの	取締役会議事録	単独株主	裁判所の許可が必要。ただし、監査役がいない会社、監査役の権限が会計監査に限定されている場合には、営業時間内であれば、裁判所の許可なく閲覧・謄写の請求ができる。
	子会社の株主総会議事録・取締役会議事録・計算書類等・会計帳簿・株主名簿	親会社株主	裁判所の許可が必要。

9 株主から閲覧請求された場合、開示の対象となる書類②

◉事由により会社が拒否できるもの

①株主名簿

株主は営業時間内であれば、閲覧の請求ができますが請求の理由を明示する必要があり、場合によっては請求を拒否することができます。ただし、他の株主と共同して取締役再任を否決する等の株主権行使目的の場合は拒否ができません。したがって、後継者の持株比率が50％を割っている場合には、株主名簿を見られて、他の株主と共謀されると、後継者が取締役を解任され、会社が乗っ取られるリスクもあります。

②会計帳簿

議決権の有無にかかわらず3％以上（他の株主との合計も可）の株式を保有する株主は裁判所の許可は不要ですが、請求目的を明示する必要があります。

会計帳簿には会社の秘密情報が洩れてしまうリスクもあり、閲覧請求を拒否できる事由が列挙されていますが、株主代表訴訟等の必要性の有無の確認や自社株の適正な株価算定目的の場合には、拒否ができません。

さらに、拒否する場合の事由についての立証責任は会社側にありますので、特に注意を要するところです。

◉裁判所の許可を要するもの

①取締役会議事録

会社の機密事項が記載されている場合が多いため、閲覧請求は、原則、裁判所の許可を必要としており、請求事由については株主側の十分な説明が求められ、最もハードルの高い条件となっています。

ところが、監査役のいない会社または会計監査に限定されている監査役の場合には、株主に業務監査権限が与えられるため、裁判所の許可が不要となりますので、特に注意が必要です。

②子会社の計算書類、株主総会・取締役会議事録、会計帳簿、株主名簿

親会社の株主であっても、裁判所の許可を必要とするため、株主が分散して経営に口出しをされたくない場合には、持株会社の１００％子会社にしておけば、株主の権利行使を免れることができます。

株主名簿閲覧請求を拒否できる理由

- 株主の権利の確保または行使に関する調査以外の目的
- 当該会社の業務を妨げるまたは株主の共同の利益を害する目的
- 請求者が利益を得て、第三者に通報するため
- 請求者が過去2年以内に、知り得た事実を、利益を得て第三者に通報したことがある

下記の場合は拒否できない

- 株式を買い集めたいので、誰が株主であるかを確認
- 取締役の再任否決するために、委任状を集めるため
- 株主代表訴訟を起こす目的で、会計帳簿閲覧請求権（少数株主権3%の持株）の条件を満たすために、他の株主に呼びかける

会計帳簿等の閲覧請求を拒否できる事由

- 株主の権利の確保または行使に関する調査以外の目的
- 当該会社の業務を妨げるまたは株主の共同の利益を害する目的
- 請求者が当該会社と競合関係にある事業を営み、またはこれに従事するものであるとき
- 請求者が利益を得て、第三者に通報するため
- 請求者が過去2年以内に、知り得た事実を、利益を得て第三者に通報したことがある

下記の場合は拒否できない

①株主代表訴訟の必要性、不正経理、違法行為等の有無確認（確定していなくてもよい）
②自社株の適正な価格算定するため
……拒否する場合、その事由については、会社側に立証責任がある

取締役会議事録の情報開示について

- 裁判所の許可がないと、閲覧・謄写の請求は認められない
- 監査役がいない会社、監査役の権限が会計監査に限定されている会社の場合、裁判所の許可は不要
- 親会社の株主は、子会社のすべての書類の請求に裁判所の許可が必要

10 戦略的に活用できる定款①

◉定款を見直して戦略的に経営しよう

本章1項でも述べたように、定款は法的効力を有し、会社運営に必須の重要書類です。定款には、取締役数の上限や、取締役の選任・解任条件、属人的な株主の権利、株主総会への代理出席の条件、自己株式取得における売主追加請求権の有無、相続人等から自社株を強制取得できるか否か等、定款を見ないとわからない重要事項が書かれています。

したがって、定款をどのように作るかは、企業防衛上、極めて重要なことであるため、他人任せにしないことが望ましいといえます。本項と次項で、株式に関わる定款のポイントを説明しましょう。

①株券不発行会社にする

株券発行会社の場合、株券所有者が適法な所持人となるため、株券を喪失したときの再発行手続きが複雑でトラブルのもととなる可能性が高くなります。

また、株券所有者は、単独で会社に対して譲渡承認請求、名義書換請求ができますが、株券不発行会社の場合は、株式を売却した株主と取得した者が連名で請求する必要があるため、会社の承認なしに売却することへの歯止め効果が期待できます。

②株主割当による募集株式の発行を取締役会決議で行えるようにする

株主割当の方法による場合でも株主総会の特別決議が必要ですが、定款に謳うことによって、取締役会決議（取締役会のない会社は、取締役）で決めることができるようになりますので、簡単に株主割当の方法を取ることができるようになります。

③単元株制度の導入で単元未満株主の権利を制限する

株式が多くの株主に分散している場合、株主総会招集通知作成等の事務的負担が大きく、困っているケースが見られます。こんな場合には、単元株制度を導入し、定款に謳うことによって、議決権、閲覧請求権等の大半の株主の権利を制限することができます。

1単元の株式数は上限1000株と発行済株式総数の200分の1のいずれか低いほうを上限として、自由に決められます。その結果、1単元未満の株主は株主総会に出席する権利を喪失しますので、招集通知の発送は不要となり、事務の軽減につながります。

④相続人等に対する売渡請求権を確保する

株式に譲渡制限が付与されていても、相続は原則、譲渡に該当しないため、株式は遺族に相続財産として承継されてしまいます。

遺族が自社株の買取に応じない場合、強制買取はできません。その結果、果てしなく自社株が社外に分散してしまうことになるのです。

しかし、定款で売渡請求権を定めておけば、会社が相続を知った日から1年以内であれば、いったんは相続された株式を、会社が自己株式（詳しくは4章）として、承継人から強制的に買取ることが可能になります。これにより、自社株の社外分散を防止することができるようになります（強制買取の価格は協議または裁判所の決定による）。

ただし、先代社長の相続により、後継者が自社株を承継した場合も対象になり、強制的に買取られるリスクがあります。しかし、強制買取の価格が決定するまでには時間がかかります。そして、それまでは会社が請求を撤回できますので、その間に、後継者が議決権のある株式の過半数を確保している場合は、敵対的な取締役を全員解任することで請求を撤回し、強制買取から免れることができるのです。

⑤売主追加請求権を排除しておく

会社が特定の株主から自己株式を取得する場合、株主総会の特別決議が必要ですが、株主には自分も売主に追加される権利が与えられていますので、この権利を行使されると、特定の親族に限定した高い株価での買取が困難になるケースがあります。

そこで、定款で売主追加請求権を排除することで、特定の株主に限定した自己株式取得が容易になります。ただし、この定款変更には、株主全員の同意を要しますので、注意が必要です。

11 戦略的に活用できる定款②

◉社長解職のリスクを回避する定款のポイント

⑥取締役の員数に上限を設けておく

社長が議決権の過半数を確保していない場合、または将来、親族間に株式が分散し、過半数割れしそうな場合、取締役の員数に上限がないと、他の株主が協力することによって多数の取締役を選任することができてしまいます。

その結果、取締役会における社長反対派の比率が過半数を超えてしまうと、社長は代表権を剥奪されるリスクが高まってしまうのです。

そこで、社長を解職されないためにも、取締役の員数に上限を設けておきましょう。

⑦取締役の任期を長くしない

取締役の任期は原則2年ですが、最長10年まで延長することができます。

ただし、任期途中で取締役を解任する場合、取締役から任期満了までの役員報酬について損害賠償請求されるリスクがありますので注意が必要です。

家族だけで経営している資産管理会社の場合には、10年任期は有効といえるでしょう。

⑧取締役の解任条件を株主総会の特別決議の対象にしておく

取締役の解任は株主総会の普通決議でできるようになったため、後継者の議決権比率が過半数を割り込んでいる場合、他の株主が協力すれば後継者は取締役を解任され、社長としての地位を失うことになります。

しかし、取締役解任の条件を株主総会の特別決議の対象にしておけば、取締役解任には3分の2以上の賛成が必要となり、社長の解任防止につながることになります。

ただし、解任条件を厳しくすると、自分以外の取締役を解任しにくくなりますので、注意が必要です。

⑨取締役会の決議等を省略し、書面決議を可能にする

取締役会は一堂に会して会議を開くことが必要です。テレビ電話や電話会議のように、出席者の音声が即時に伝わり、相互に適時的確な意思表明ができる場合は一堂に会したものとされています。

持ち回り方式による書面決議は認められていませんが、海外等の遠隔地に取締役がいる場合、機動的に意思決定をするために、取締役会の議題について取締役全員が賛成し、業務監査権限を有する監査役が異議を述べない場合、書面決議が可能となります。

⑩監査役を置き、監査役の権限を会計監査に限定せずに業務監査もすることにしておく

監査役がいない場合、または監査役がいても権限が会計監査に限定されている場合、業務を監督する権限が株主に与えられ、通常は裁判所の許可が必要な取締役会議事録の閲覧が、裁判所の許可なしに、営業時間内であればいつでもできるようになります。

その結果、社員株主、外部株主に社内の重要な情報が社内外に流出するリスクが生じることになるのです。そうしたリスクは、業務監査も行う監査役を置くことで回避できます。

⑪議決権の代理行使をする場合の代理人を1名とし、議決権を有する株主に限定する

これは株主総会に外部の人間が出席することを防止するために必要な措置といえます。

⑫中間配当を取締役会で決議できるようにする

配当は年に何度も実施することができますが、その度に株主総会を開催する必要があります。

しかし、中間配当については、定款に謳うことによって、取締役会の決議のみで実施することができるようになります（会計監査人設置会社かつ監査役会設置会社を除く）。

その他、種類株式と属人的株式が発行できるようにしておくことも重要です。

COLUMN 2

会社は誰のものか？

私が事業承継のアドバイスを開始したばかりの頃の話です。ある外資系の上場会社で、業績を伸ばしている日本人社長が、突如社長を解任されてしまったことがありました。株主が会社の株式の過半数を保有していれば自由に社長を解任できる――資本の論理とは冷徹なものだと衝撃を受けたものです。

会社は株主だけでなく、役員、社員、顧客のものだといわれますが、法的には株主の権利が優先されることになります。株主は無担保無利息で会社に出資しているので、会社が倒産すれば出資した株式はただの紙切れになります。そのようなリスクを取って出資している見返りとして、配当を期待すること（利益配当請求権）は当然の権利なのです。

したがって、株主は、株主総会での多数決（過半数の議決権行使）によって、会社に利益をもたらしてくれる人材を取締役として選任し、経営を任せているわけです。逆に、利益をもたらさない取締役は、株主の多数決で解任することになります。

さらに、株主は、定時株主総会での多数決（過半数の賛成）により、会社の最終利益を決定し、税引後利益から支払う配当金額を決定します。オーナー経営者の場合は、株主と同一なので、過半数の株式を確保している限りは、取締役の選任・解任、配当金額の決定はすべて自分一人でできることになります。

3章

非公開会社の株価の評価方法

1 非公開会社の株価評価は3通りある

2 基本的な非公開会社の株価評価方法（同族株主がいる会社）

3 基本的な非公開会社の株価評価方法（同族株主がいない会社）

4 純資産価額方式による計算方法

5 類似業種比準価額方式による計算方法

6 類似業種比準価額方式はタイミングが大事

7 原則的評価方式は組み合わせにより決まる

8 配当還元方式による計算方法

9 株価は株主によって変わる

1 非公開会社の株価評価は3通りある

◉法律によって株価が異なる

非公開会社の株価評価には「相続税法上の株価」「法人税法上の株価」「裁判所が決める株価」の3通りがあり、それぞれの特徴は次の通りです。

①相続税法上の株価

相続、贈与、個人間の株の売買に適用される株価です。財産評価通達に基づき評価されるもので、最も基本的な株価評価といえます。

評価方法には、純資産価額、類似業種比準価額、配当還元価額の3種類があります。

純資産価額は、会社を解散したものとみなし、含み益から法人税相当額（現在37％）が控除されます。

類似業種比準価額は、同業種の上場会社の配当、利益、簿価純資産と比較して評価する方法で、純資産価額より低くなる傾向があります。

配当還元価額は配当をベースに評価されるため旧額面（1株あたりの資本金等）に近く、最も低くなります。

②法人税法上の株価

法人への売却に適用される株価です。法人税基本通達によっています。純資産価額は時価で資産を評価し、解散を前提としないため、含み益から法人税相当額は控除しません。したがって相続税法上の株価より高くなる傾向があります。類似業種比準価額、配当還元価額は相続税法上の評価と同じです。

相続税法上の株価は、会社規模に応じ類似業種比準価額の適用割合が高くなりますが、法人税法上の株価は、会社規模にかかわらず、原則が時価純資産価額で、類似業種比準価額との併用方式も可能ですが、割合は各50％となり、高くなる傾向があります。

③裁判所が決定する株価

この株価が適用されるケースは左図の通りで、評価は事業価値算定から企業価値を算定するもので、①②に比べて最も高くなる傾向があります。株価の種類は、支配株主についてはＤＣＦ法（8章2項参照）、収益還元法、時価純資産価額、類似業種比準価額が適用され、少数株主は配当還元価額の折衷になります。

非公開会社の株価の種類

1. 相続税法上の株価

- 根拠　　　　：財産評価基本通達
- 適用場面　　：相続、贈与、個人間売買、遺留分算定（協議成立が条件）
- 種類　　　　：①純資産価額　……………解散価値。含み益に対する税額控除（現在37%）。資産は財産評価基本通達による、土地等（路線価=時価×0.8）
　②類似業種比準価額　……類似業種の上場会社の配当、利益、簿価純資産との比較
　③配当還元価額　…………配当から評価
- 最終適用株価：会社規模に応じて、組み合わせが変わる。純資産価額が低い場合は純資産価額

2. 法人税法上の株価

- 根拠　　　　：法人税基本通達
- 適用場面　　：法人への売買、遺留分算定（協議成立が条件）
- 種類　　　　：①時価純資産価額　………解散しない前提。含み益の税額控除なし。時価評価、土地等の評価（路線価÷0.8）
　②類似業種比準価額　……類似業種の上場会社の配当、利益、簿価純資産との比較
　③配当還元価額　…………配当から評価
- 最終株価　　：原則=時価純資産価額。併用方式=時価（純）×0.5+（類）×0.5
　*持株比率が5%未満の法人株主=配当還元価額

3. 裁判所が決定する株価

- 根拠　　　　：事業価値から企業価値を算定し、そこから株主価値を算定
- 適用場面　　：譲渡制限株式の譲渡承認請求の譲渡を承認しない場合の買取、相続人等に対する売渡請求、組織再編等に対する反対株主の買取請求、少数株主からの強制買取（スクイーズアウト）、遺留分算定（協議が成立しない場合）
- 種類　　　　：DCF法／収益還元法／時価純資産価額／類似業種比準価額／配当還元法（ゴードンモデル他）

2 基本的な非公開会社の株価評価方法（同族株主がいる会社）

◉相続税法上の株価が最も基礎になる

非公開会社の株価は本章1項で説明した通り、3種類ありますが、その中で最も基本的な株価評価となるのは相続税法上の株価です。

法人税法上の株価と裁判所で価格決定する株価は、相続税法上の株価の考え方を基礎として算出されますので、ここではまず、相続税法上の株価の概要について説明します。

◉株主により評価方法が変わる

株価評価の方法には、純資産価額、類似業種比準価額、配当還元価額の3通りがあります。

株価評価は、株主が同族株主か非同族株主かによって適用される方法が変わります。

株価評価の同族株主に適用されるのが**原則的評価方式（純資産価額、類似業種比準価額）**、非同族株主に適用されるのが**特例的評価方式（配当還元価額）**です。

・同族株主の株価評価

同族株主とは、同族関係者グループ（6親等3姻族等の親族関係にある者など）の議決権のある持株比率の合計が30％以上の場合の株主をいいます。

オーナー社長の場合は、経営権を確保するために過半数の持株を保有する必要から、同族株主に該当します。したがって、オーナー親族間での自社株の移動は原則的評価方式（純資産価額、類似業種比準価額）の高い株価が適用されることになります。

原則的評価方式の株価は、会社の資産、業績が反映されるので株価は高くなります。

・非同族株主の株価評価

非同族株主とは原則、議決権のある持株比率が30％未満のグループの株主をいいます。

親族外の役員、社員は非同族株主になりますので、特例的評価方法（配当還元価額）の低い株価が適用されます。

株価は、配当のみで評価するので、1株あたりの資本金等（旧額面）程度の評価になります。

非公開会社の自社株評価方法

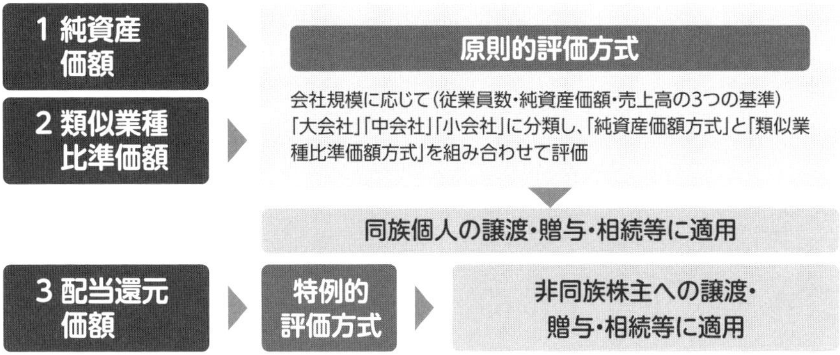

1 純資産価額 ▶
2 類似業種比準価額 ▶

原則的評価方式

会社規模に応じて(従業員数・純資産価額・売上高の3つの基準)「大会社」「中会社」「小会社」に分類し、「純資産価額方式」と「類似業種比準価額方式」を組み合わせて評価

▼

同族個人の譲渡・贈与・相続等に適用

3 配当還元価額 ▶ **特例的評価方式** ▶ 非同族株主への譲渡・贈与・相続等に適用

株主の態様別による評価方法の判定表(同族株主がいる会社)

<table>
<tr><th></th><th colspan="4">株主の態様</th><th>評価方法</th></tr>
<tr><td rowspan="6">同族株主のいる会社</td><td rowspan="5">同族株主</td><td colspan="3">取得後の議決権割合5%以上</td><td rowspan="4">原則的評価方式
純資産額方式による評価額については、20%の評価減の特例が適用される場合がある。</td></tr>
<tr><td rowspan="4">取得後の議決権割合5%未満</td><td colspan="2">中心的な同族株主がいない場合</td></tr>
<tr><td rowspan="3">中心的な同族株主がいる場合</td><td>中心的な同族株主</td></tr>
<tr><td>役員である株主または役員となる株主</td></tr>
<tr><td>その他</td><td rowspan="2">配当還元方式
ただし、原則的評価方式による評価額のほうが低いときは、原則的評価方式による。</td></tr>
<tr><td colspan="4">同族株主以外の株主</td></tr>
</table>

❶ 同族株主

会社の株主のうち、同族関係者グループ(株主の1人とその同族関係者)の有する議決権割合が、30%以上である場合におけるその株主およびその同族関係者(株主の親族やその株主が支配している会社など)のこと。

❷ 中心的な同族株主

同族株主のいる会社の同族株主で、課税時期において同族株主の1人並びにその株主の配偶者、直系血族、兄弟姉妹および1親等の姻族(これらの者の特別同族関係法人を含む)の有する議決権の合計数がその会社の議決権総数の25%以上である場合におけるその株主のこと。

❸ その他

たとえば社長以外の親族で、持株比率が25%未満の場合、子供と配偶者に5%未満までなら配当還元価額で贈与できるケースもある。

※ここでの役員とは常務以上の取締役で、平取締役は対象外。

3 基本的な非公開会社の株価評価方法（同族株主のいない会社）

◉同族株主のいない会社が増えている

前項では、オーナー社長のいる、つまり同族株主のいる会社について説明しました。

最近は、同族関係者グループで議決権のある持株比率の合計30％以上の同族株主がいない会社も増えてきました。このような会社は当初から共同経営を行い、すべての役員と一定の社員に自社株を所有させているケースです。オーナー経営の会社に比べ、株主数は多くなる傾向があります。

・持株比率15％以上の株主グループに属する株主

議決権のある株式の15％以上を保有する株主グループに属する株主は、同族株主ではありませんが、**原則的な評価方法（純資産価額、類似業種比準価額）**が適用されます。

・持株比率15％未満の株主グループに属する株主

議決権のある株式の15％未満の株主グループに属する株主の場合は、非同族株主として**特例的評価方法（配当還元価額）**が適用されます。いわゆる経営権を持っている株主はいませんので、株主に相続が発生した場合に、株価の高い原則的な評価方法が適用されないように、すべての株主の議決権のある持株比率を15％未満に抑える必要があります。

経営権という権限を保有する場合には原則的な評価方法が適用されてもやむをえませんが、権限がないにもかかわらず高い株価の評価方法が適用されるのは避けるべきです。

◉株主数が多い会社のリスクと対応策

非公開会社の株式には譲渡制限があるのが一般的ですが、相続は譲渡に該当しないため、相続により遺族に自動的に承継され、遺族から高い株価での買取請求をされたり、株式を会社の社員等への売却にも応じてくれないケースがあります。

また、株主が退社するときにも、株式を次の社員等への売却に応じてくれない、あるいは高値での買取請求をされてしまうリスクがあります。このようなリスクを回避するため、持株会の利用が有効になります。

株主の態様別による評価方法の判定表（同族株主のいない会社）

<table>
<tr><th></th><th colspan="4">株主の態様</th><th>評価方法</th></tr>
<tr><td rowspan="6">同族株主のいない会社</td><td rowspan="5">議決権割合の合計15%以上のグループに属する株主</td><td colspan="3">取得後の議決権割合5%以上</td><td rowspan="4">原則的評価方法</td></tr>
<tr><td rowspan="4">取得後の議決権割合5%未満</td><td colspan="2">中心的な株主がいない場合</td></tr>
<tr><td rowspan="3">中心的な同族株主がいる場合</td><td>中心的な同族株主</td></tr>
<tr><td>役員である株主または役員となる株主</td></tr>
<tr><td>その他</td><td rowspan="2">特例的評価方法</td></tr>
<tr><td colspan="4">議決権割合の合計15%未満のグループに属する株主</td></tr>
</table>

中心的な株主

同族株主のいない会社の株主の1人及びその同族関係者の有する株式の合計数が、その会社の発行株式数の15%以上である株主グループのうち、いずれかのグループに単独でその会社の発行済株式数の10%以上の株式を所有している株主がいる場合の株主のこと。

4 純資産価額方式による計算方法

◉会社の解散価値によって評価する

最も基本的な株価評価方法が、原則的評価方法である純資産価額方式です。株主の権利には、自益権として**残余財産分配請求権**があります。この権利は、会社が解散した場合に残った財産（残余財産）はすべて株主がもらうことができる権利です。純資産価額方式は、これに基づき、会社を解散したと仮定して、残った財産を評価して株価を算出します。解散して何が残るかというと、貸借対照表上の純資産です。

純資産は、総資産から負債を引いたものです。左ページの図では、10億円が残ることになります。これは、株主は1000万円しか出資（資本金）していないのに、10億円の財産をもらえることを意味しています。つまり、1000万円の資本金（株式）の価値（評価）は10億円ということになります。

◉資産の含み損益が反映される

貸借対照表の純資産が**解散価値**に等しいと説明しましたが、これは帳簿上の話です。実際には、各資産の評価は帳簿上の価格と異なることが多く見られます。

たとえば、左ページの図では、土地の帳簿価格（取得価格）は1億円になっていますが、現在の時価は5億円なので、差額の4億円が含み益になります。会社を解散した場合には、4億円の含み益が実際の利益として計上されるので、それに対し法人税37％（2023年4月現在）が課されます。手元には、4億円から37％の税金を差し引いた額が残り、その分解散価値（評価）が増えることになります。したがって、含み益がある場合は税引後の含み益を加算します。

逆に、含み損がある場合には、帳簿上の純資産から含み損の額を差し引いたものが解散価値になります。これらの解散価値を発行株式数で割ったものが、1株あたりの純資産価額になります。この株価は毎年の税引後の利益の蓄積によって着実に上昇することになり、無借金会社ほど高い株価になります。また、赤字決算等で簿価純資産が減少するか、含み益の減少、含み損の発生拡大がないと株価は下がりません。

株主評価の原理

株主の権利としての残余財産分配請求権 ▶ 残余財産（会社を解散して残った財産）＝株主に帰属 ▶ 原則的な株価評価＝解散価値

純資産株価方式による株価

$$\frac{\text{純資産（簿価ベース）}+\text{含み益}\times(1-0.37)}{\text{発行済株式数}}$$

事例

（百万円）

（資産）		（負債）	
現預金	・・・・	買掛金	・・・・
売掛金	・・・・	支払手形	・・・・
受取手形	・・・・	借入金他	・・・・
在庫	・・・・	合計	2,000
土地	100	（純資産）	
（時価）	(500)	資本金	10
建物	・・・・	（発行株式数2万株）	
その他	・・・・	剰余金	990
		合計	1,000
総合計	3,000	総合計	3,000

純資産合計 土地時価 土地簿価 残余財産

$$\frac{1{,}000+(500-100)\times(1-0.37)=1{,}252\text{百万円}}{2\text{万株}}=62{,}600\text{円}$$

株式数 1株あたりの株価

含み損がある場合の純資産価額

$$\frac{\text{純資産（簿価ベース）}-\text{含み損（全額計上できる）}}{\text{発行済株式数}}$$

事例

10億円で取得した土地→時価2億円　含み損は8億円

$$\frac{\text{簿価純資産5億円}-\text{含み損8億円}}{\text{発行済株式数}}=0$$

5 類似業種比準価額方式による計算方法

◉同業種の上場会社との3要素の比較で評価する

比較的規模の大きい会社の場合には、上場企業と比較しても遜色のない優良会社が多く存在します。純資産価額は解散価値で評価しますが、上場会社の場合、市場価格が利益動向に大きく影響を受ける場合が多く、利益が減少すると解散価値を下回るケースも見られます。また、市場価格には資産の含み益が大きく反映されません。したがって、帳簿上の純資産、配当、利益の3要素の比較をすることで株価を評価します。これが類似業種比準価額方式です。

類似業種比準価額方式の算定方法は、まず、国税庁のホームページに記載されている1株あたりの平均株価、配当、利益、純資産をA、B、C、D欄に転記します（左ページ図は額面が50円と仮定した数値）。

次に、評価する会社の1株あたりの配当、利益、簿価純資産の3要素を計算しb、c、d欄に記載します。1株あたりの数値を算定する場合、会社により1株あたりの資本金等の額が異なるため1株50円と仮定し発行株式数を算出、数値を出して比較し、上場会社の数値に対する評価会社の各数値の倍率を計算します。

次に、3要素の平均倍率を出して、平均株価に掛け、会社規模に応じた斟酌率を掛けて株価を算定します。

最後に、本来の1株あたりの資本金等に修正して、最終の株価を算定します。

◉純資産価額との比較

純資産価額は、利益が減少しても自己資本と含み益が減少しない限りは低下しません。一方、類似業種比準価額は、自己資本が減少しなくても、利益の減少だけで低下します。業種業歴にもよりますが、一時的に赤字になれば最大で約50％ほど低下します。

類似業種比準価額は、業種業歴等により異なりますが、純資産価額の概ね50％程度で、年数を経過するほどその比率が下がる傾向があり、場合によっては30％以下になるケースもあります。また、純資産価額とは異なり含み益を反映しないので、含み益のある会社は類似業種比準価額で評価すると有利です。

類似業種比準価額方式による株価

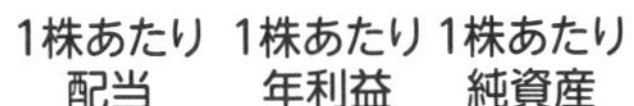

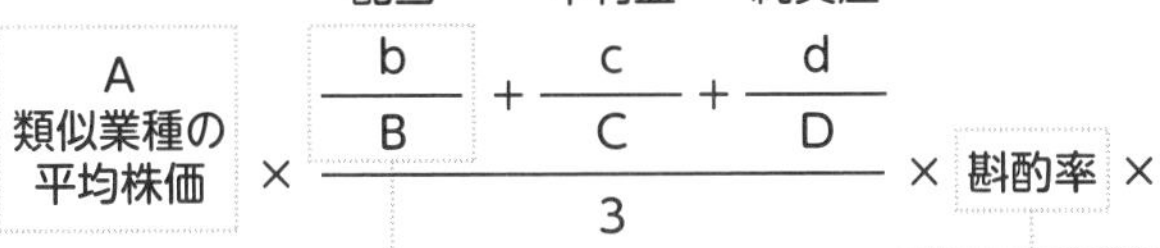

$$\text{A 類似業種の平均株価} \times \frac{\frac{b}{B} + \frac{c}{C} + \frac{d}{D}}{3} \times \text{斟酌率} \times \frac{\text{1株あたりの資本金等の額}}{\text{50円}}$$

$\frac{\text{分子に評価会社}}{\text{分母に類似会社}}$

斟酌率
大会社 0.7
中会社 0.6
小会社 0.5

1株あたりの資本金等(資本金+資本剰余金)の額÷発行済株式数

資本金等10,000,000円、発行済株式数20,000株なら1株あたりの資本金等の額は
10,000,000円÷20,000株=500円(旧額面)

事例

業種	卸売業	2期平均配当金	2百万円	売上高	52億円
資本金	20百万円	申告所得	150百万円	総資産	30億円
(旧額面500円)	40,000株	純資産	10億円	社員数	60人

国税庁発表の指数 (1株50円)
卸売業の平均株価 339円
〃 配当金指数 4.1円
〃 利益指数 29円
〃 純資産指数 278円

A社の指数算出
※額面500円
→比較のため1株50円に換算
株数40,000株→400,000株
配当金2百万円:400,000株=5.0円
利益150百万円÷400,000株=375円
純資産10億円÷400,000株=2,500円

会社区分 大会社
斟酌率 0.7を適用

$$\text{上場会社平均株価}(339) \times \frac{\frac{b(5.0)}{B(4.1)} + \frac{c(375)}{C(29)} + \frac{d(2{,}500)}{D(278)}}{3} \times \text{斟酌率}(0.7) \times \frac{(500)}{50}$$

339 × 7.71 × 0.7 × 10 = 18,295円

POINT 含み損益は反映されない

6 類似業種比準価額方式はタイミングが大事

◉自社株の移動時期の判定が重要

社長の持株を生前に贈与または譲渡により移動する場合、株価が低いタイミングで実行することになりますが、どの時期がよいのかを判断する必要があります。

本章5項で説明した通り、類似業種比準価額は上場会社の株価動向と評価会社の利益動向に大きく左右されます。

①上場会社の平均株価の動向

同業の上場会社の平均株価は、前期決算とは関係なく、移動する時期の株価が反映されます。自然災害等の突発的な事件により、上場株が一時的に大きく下落したときは、類似業種比準価額も大きく低下するので、そのタイミングに合わせて株式の移動を検討します。

左ページのように、上場株の株価が今年は低く、来年上がりそうならば年内に移動を検討します。逆に来年株価が低下しそうであれば来年の移動を検討します。

また、同業の上場株の平均株価は今年でなく前年の株価も選択できるので、前年の平均株価が一段と低く、今年の株価が高い場合には、来年は傾向的に株価が上昇する可能性があるので、年内に移動を検討します。

②配当、利益、簿価純資産との関係

類似業種比準価額方式の数値は直前期の1年間の決算数値に基づき算出されますが、3要素の中で特に利益動向に大きく反応する傾向があります。利益動向が反映されるのが今期なのか、来期なのかにより株価が低下または上昇する時期を見極める必要があります。

具体的には、持株の移動時期が、今期がよいか、来期のほうがよいかを判断します。

具体例として、左ページに3月決算の例を挙げています。今期利益が大幅に増加した場合、決算が確定するのは来期になります。つまり、来期に今期の大幅な利益増加が反映され株価が上昇しますので、今期中に持株の移動をしておくのが有利になります。

逆に、今期大幅に利益が減少する場合には、来期に株価が大きく低下しますので、移動も来期に行うことを検討します。

贈与のタイミングを考えるポイント

①決算の前がいいのか、後がいいのか?

- 今期の決算が赤字になりそうな場合
  → 決算後(来期)に贈与したほうがトク
- 今期の決算で多額の利益が出そうな場合
  → 決算前(今期中)に贈与したほうがトク

②業界の平均株価の推移はどうなっているのか?

- 業界の平均株価が上昇傾向にある場合
  → 12月31日までに贈与したほうがトク
- 前年の平均株価だけが極端に低かった場合
  → 12月31日までに贈与したほうがトク

類似業種比準価額方式のタイミング

決算期3月期の場合

	N年3月	N+1年/3月	N+2年/3月	N+3年/3月
利益水準	通常ベース	大幅増加	通常ベース	
株価		不変	大幅上昇	
移動時期		○		

	N年3月	N+1年/3月	N+2年/3月	N+3年/3月
利益水準	高水準	大幅低下	通常ベース	
株価	高い	高い	大幅低下	
移動時期			○	

類似業種比準価額方式は、直前期の決算に基づき算出され、「利益動向」の影響を受ける。

7 原則的評価方式は組み合わせにより決まる

◉会社規模により原則的評価の組み合わせが決まる

原則的評価は純資産価額と類似業種比準価額の２つですが、原則、単独で適用せず組み合わせによって決まります。

組み合わせは会社規模に応じて異なります。類似業種比準価額は上場会社との比較で評価する方式なので、比較的規模の大きい会社を想定しています。したがって、規模の大きい会社ほど類似業種比準価額の適用割合が大きくなります。これに対し、純資産価額は、比較的小規模の会社を対象にしていますので、会社規模が小規模になるほど適用割合を高くしています。

左ページに、会社規模の判定表を掲載しました。会社規模は、業種ごとに「大会社」「「中会社の大」「中会社の中」「中会社の小」「小会社」と5段階に分かれています。

判定方法は、まず「売上」で判定します。次に「総資産と従業員」で判定します。２つの方法で判定した中で、会社規模が大きいほうを選択できます。また、従業員が70人超の場合には、それだけで大会社になります。

なお、従業員については一定の条件を必要としますので、微妙な場合は、顧問税理士に確認してください。

◉会社規模の大きい会社ほど株価は有利になる

会社規模が大きいほど類似業種比準価額の適用割合が高く、「大会社」は１００％、「中会社の大」でも90％になります。一般的な傾向として、類似業種比準価額は純資産価額の50％以下になるケースが多いので、最終の株価は会社規模の大きい会社ほど有利になります（左ページ参照）。

また、類似業種比準価額は含み益を反映しませんので、含み益の大きい会社（持株会社等）についても、会社規模が大きくなると株価評価はかなり有利になってきます。

なお、純資産価額のほうが類似業種比準価額よりも低い場合には、常に株価の低い純資産価額を１００％適用することができます。

会社の規模の判定

		小会社	中会社			大会社	
			小	中	大		
卸売り	売上	2億円未満	2億円以上	3.5億円以上	7億円以上	30億円以上	70人超
	総資産 従業員	0.7億円 未満または 5人以下	0.7億円 以上かつ 5人超	2億円 以上かつ 20人超	4億円 以上かつ 35人超	20億円 以上かつ 35人超	
小売 サービス	売上	0.6億円未満	0.6億円以上	2.5億円以上	5億円以上	20億円以上	
	総資産 従業員	0.4億円 未満または 5人以下	0.4億円 以上かつ 5人超	2.5億円 以上かつ 20人超	5億円 以上かつ 35人超	15億円 以上かつ 35人超	
その他	売上	0.8億円未満	0.8億円以上	2億円以上	4億円以上	15億円以上	
	総資産 従業員	0.5億円 未満または 5人以下	0.5億円 以上かつ 5人超	2.5億円 以上かつ 20人超	5億円 以上かつ 35人超	15億円 以上かつ 35人超	

原則的評価の株価

純資産価額と類似業種比準価額の組み合わせ比率

会社規模		純資産株価	:	類似株価
大会社		0.0	:	1.0
中会社	大	0.1	:	0.9
	中	0.25	:	0.75
	小	0.4	:	0.6
小会社		0.5	:	0.5

純資産価額が類似業種比準価額より低い場合は純資産価額のみを採用することも可能。

例 **純資産価額** **10,000円**
類似業種比準価額 **5,000円**

大会社 = 10,000円×0.0+5,000円×1.0 = 5,000円
中〜中会社 = 10,000円×0.25+5,000円×0.75 = 6,250円
小会社 = 10,000円×0.5+5,000円×0.5 = 7,500円

8 配当還元方式による計算方法

◉配当だけに着目した計算方法

原則的評価方式の純資産価額や類似業種比準価額は会社の資産内容、業績を反映して算出されていましたが、特例的評価方式である配当還元方式による株価は、配当のみを対象にして評価する方式です。したがって、株価は原則的評価に比べて最も低い株価になる傾向があります。

配当還元方式は、主として社長親族外の役員、社員などの株主に適用される特例的な評価方式です。

これらの株主が株式を保有する目的は、ほとんどが配当の受取りだけなので、配当をベースに評価することになります。

配当還元方式による株価評価は、**直前2期平均の配当率×1株あたりの資本金等の額を10％の利回りで除して算出**します。

10％で計算するのは、10％配当を標準とする考え方が採用されているからです。標準的な10％配当をしている会社の株価は、たとえば旧額面が５００円の場合、５００円となり、配当率が20％の会社の場合は、平均の２倍になるので、株価は旧額面の２倍の１０００円になります。

この配当率は２年間平均になるので、株価を下げる場合には、１期だけでなく、２期連続して配当を下げる必要があります。

◉2年間無配でも株価はゼロにはならない

では、２年間配当をゼロにした場合、株価はゼロになるかといえば、なりません。配当率が５％未満の場合は、旧額面の２分の１で評価されることになっています。

したがって、２年間無配にしたとしても、旧額面が５００円の会社の場合、株価は２５０円となり、それ以上低くなりことはありません。

なお、まれに配当還元方式で評価された株価が、原則的評価方式による株価よりも高くなることがありますが、その場合は、株価が低いほうの原則的評価方式の株価を適用することになります。

配当還元方式による株価算出

$$株価=\frac{直前2期平均配当率\times 1株あたり資本金等の額}{10\%}$$

配当10% → 旧額面
配当20% → 旧額面の2倍

資本金等20百万円、発行済株式40,000株
→ 旧額面は500円

配当率10%なら配当還元株価は500円
配当率20%なら配当還元株価は1,000円

同族以外の株主(社員等)への譲渡・贈与の際に適用

(注)旧額面⇒1株当たり資本金等
(資本金+資本準備金+その他資本剰余金)

額面株式廃止により額面の意義はなくなりましたが、理解しやすいように、1株当たり資本金等の代わりに「旧額面」と表現しています。以前は「額面株式」と「無額面株式」がありましたが、時価発行増資（払込価格：額面⇒時価）が主流になったため、2001年の商法改正で額面株式が廃止され、無額面株式に統一されています。

9 株価は株主によって変わる

◉取得する株主が同族株主かどうかがポイント

本章2項で株主によって適用される株価が異なると説明しましたが、これは、個人間の贈与、譲渡、相続に適用される場合で、売却する側の株主ではなく、取得する株主が同族株主かどうかで適用株価を決めることになります。

法人に売却する場合には、逆に売る側の株主で判定し、法人税法上の株価を適用します。

◉個人から個人は取得株主で判定(相続税法上の株価)

①同族株主間での移動……社長が後継者に持株を移動する場合、取得する株主は同族株主であるため、原則的評価が適用されます。例外的に、社長から兄弟の子供に贈与する場合には、一定の条件を満たせば特例的評価が適用されます。

②同族から非同族への移動……社長が持株を非同族の役員、または社員に譲渡する場合、取得する株主が非同族株主なので、特例的評価が適用されます。左ページの例の場合、社長は社員に1万円する持株を500円で売却することができるので、財産評価は9500円減少することになります。

③非同族株主から同族株主への移動……社員から社長が持株を買戻す場合です。たとえば、社長が500円で社員に売却し、後にそれを買戻すケースです。500円で売却し、500円で買戻す場合、評価は原則的評価の1万円なので差額の9500円が社員から贈与を受けたことになりますが、贈与額が110万円の非課税の範囲内であれば、課税関係は発生しません。

④非同族株主間の移動……社員同士の売買が該当しますが、②と同様特例的評価が適用されます。

◉個人から法人は売主で判定（法人税法上の株価）

①売主が同族株主……時価純資産価額または類似業種比準価額との各50%の併用のどちらかを選択できます。

②売主が非同族株主……5%未満の株主は特例的評価となり、5%以上は個別に判定します（法人税法上の株価等の詳細は4章3・4項）。

取得する株主により株価が変わる

個人 → 個人

相続税法上の株価

取得株主	
同族株主	原則的評価 （一定の条件で、例外として配当還元方式）
非同族株主	特例的評価（配当還元価額）

社長 ⇔ 親族　原則的評価（例外あり）…… 10,000円

社長 → 社員　配当還元価額 ………… 500円

社長 ← 社員　原則的評価 ………… 10,000円

社員 → 社員　配当還元価額 ………… 500円

売却する株主により株価が変わる

個人 → 法人

法人税法上の株価

売却株主	
同族株主	時価純資産価額または時価純資産価額×0.5 ＋類似業種比準価額×0.5
非同族株主	5%未満の少数株主は配当還元価額 5%以上の株主は個別に顧問税理士と相談

COLUMN 3

会社を解散して残った財産と株価評価

会社を解散して残った財産は誰のものかというと、株主のものになります。

会社が解散して残る財産（残余財産）とは、資産から負債を引いた残りですが、その内訳は資本金（出資金）と税引後の利益（剰余金）の合計額になります。株主は出資した見返りとして、この税引後の利益を配当としてもらう権利があります。

税引後の利益は本来、配当としてすべて株主に還元すべきものですが、それでは会社の財務体質が強化されませんので、還元せずに剰余金として積立することになります。特に銀行借入返済においては、税引後の利益を配当として払い出してしまうと、返済する資金が不足してしまいます。借入を返済していくにつれて、剰余金も増加してしまうのです。

株式の価値＝株価について考えてみると、株価とは、株式を保有することにより得られる財産額に等しいものです。したがって、原則的な株価（純資産価額）は、会社を解散した場合に得られる剰余金の合計額と出資金（資本金）の合計額、つまり純資産に等しくなります。特に借入が少なく、自己資本（純資産）比率の高い会社ほど株価は高くなりますので、注意が必要です。

4章

自己株式(金庫株)のしくみと活用方法

1 自己株式とは？

◉自己株式は永久に保有し続けられる

自己株式とは、自社で保有している自社株のことで、俗称「金庫株」ともいわれています。

以前は、自己株式は早期に解消する必要がありましたが、現在は、会社がその保有を継続することができます。

自己株式を会社が取得（株主が自社株を、自社に売却）した場合、貸借対照表の表示は純資産の部の利益剰余金の下段にマイナス表示します。その結果、純資産の部全体の金額が減少します。つまり、自己株式の取得は、自社株を売却した株主に対する剰余金の払い戻し、すなわち配当を意味します。

通常の配当はすべての株主が対象ですが、自己株式の取得は特定の株主に対する配当を意味します。したがって、自己株式取得の上限は、その他利益剰余金とその他資本剰余金の合計金額に制限されています。

資本金との関係では、自己株式を取得しても、会計上、資本金はそのままで減少しません。したがって、貸借対照表上の資本金も減少しません。ただし、税務上は、資本金等の金額から1株あたりの資本金等の額が減少します。

自己株式を売却することも可能ですが、この場合は増資と同じ手続きを要します。ただし、通常の増資とは異なり、資本金は変化しません。詳細は、自己株式の処分に関する項（本章5～8項）を参照してください。

◉自己株式に対する配当は禁止

配当については、以前は自己株式に対して配当をすることができましたが、現在は法令により配当は禁止されています。

発行株式数との関係では、総発行株式数から自己株式を除いて同族株主の判定、議決権割合の判定、株価評価を行います。

ただし、登記上の総発行株式数はそのままで、減少することはありません。

自己株式は取締役会で消却することができますが、その場合には登記上の発行株式数も減少します。

金庫株の基礎知識

金庫株とは

平成13年の商法改正により、会社は株主総会の決議により自己株式を自由に取得、保有することができるようになった。このように保有されている自己株式を「金庫株」と呼ぶ。

自己株式には議決権なし

自己株式には議決権も利益配当請求権もない。従来、発行済株式数を基準としていた制度は、すべて自己株式を除いた株式数を基準とするようになった。

金庫株の活用方法

相続税納税資金捻出のために、後継者が相続で取得した自社株を自社に売却(ただし、後継者の持株比率が低下し、経営権喪失の可能性あり)。その他、社外に分散した株式の買戻し等に活用。

自己株式を取得した場合の貸借対照表

(資産)	(負債)
現預金 売掛債権 不動産 有価証券	(純資産) 資本金 資本剰余金 ・資本準備金 ・その他資本剰余金 利益剰余金 ・利益準備金 ・その他利益剰余金 自己株式 ▲

2 自己株式取得と経営権喪失リスク

問題は、自社株を100%保有していないケースです。この場合は、自社に持株を売却すると議決権数の減少と同時に、議決権保有割合も減少します。

たとえば、売却する前の議決権保有割合が50%をかろうじてクリアしているような状況で、持株を自社に売却すると、議決権保有割合が50%を割り込んでしまいます（左ページ下参照）。

その結果、社長自身も含め、株主総会における取締役の選任・解任決議は、他の株主の協力を得ないとできないことになります。そして最悪の場合、他の株主に結託されてしまうと、社長または後継者は取締役を解任されてしまうことになるのです。

したがって、自社の持株を売却する場合には、売却する前に、売却後の議決権割合が50%超をキープできるかどうかを確認しておく必要があります。

キープできない場合、株主が社長または後継者が株主である別会社を用意し、そこに売却します。

◉自己株式には議決権はない

社長や後継者が納税資金を捻出するために、自分が持っている自社株を会社に売らなければならないときもあることでしょう。そんなとき、社長または後継者が持株を自社に売却したらどうなるのでしょうか？

前述したように、持株は自己株式となります。そして、自己株式には議決権がありません。これは、経営陣の保身のために利用される等の不正な決議が行われる可能性を防止するために定められたものです。

したがって、議決権保有割合を算定する場合には、総発行株式数から自己株式を差し引いた株数で行うことになるため、自社に持株を売却すると議決権の数は減少することになります。

◉売却後の議決権保有割合に注意！

しかし、社長または後継者が株式の100%を保有している場合は、議決権数が減少しても議決権保有割合は減少することはありません（左ページ上参照）。議決権保有割合は100%のままです。

社長または後継者が100%保有している場合

現状

株主	持株数	比率	議決権	比率
社長	20,000	100%	20,000	100%

▼

社長が1,000株を自社に売却

売却後

株主	持株数	比率	議決権	比率
社長	19,000	95%	19,000	100%
自己株式	1,000	5%	0	0%
合計	20,000	100%	19,000	100%

社長または後継者が51%保有している場合

現状

株主	持株数	比率	議決権	比率
社長	10,200	51%	10,200	51%
役員	9,800	49%	9,800	49%
合計	20,000	100%	20,000	100%

▼

社長が1,000株を自社に売却

売却後

株主	持株数	比率	議決権	比率
社長	9,200	46%	9,200	48.4%
役員	9,800	49%	9,800	51.6%
自己株式	1,000	5%	0	0%
合計	20,000	100%	19,000	100%

3 自己株式の取得と買取価格（売主が同族株主の場合）

◉買取価格は株主によって異なる

では、自社株を会社に売却する場合、その買取価格はいくらで評価するのが妥当なのでしょうか？

これについては、自社（法人）に売却するので、法人税法上の評価方法が適用されることになります（法人税法基本通達9－1－14）。

これによると、評価方法は「誰が売るのか（株主が誰なのか）？」によって異なります。なぜなら、同族株主と非同族株主とでは、時価の考え方が異なるからです。

法人税法上の評価方法は、基本的に3章で紹介した相続税法上の評価方法と似ていますが、相続税法と法人税法では微妙に違っていますので、その違いをわかりやすく説明しましょう。

◉同族株主の場合、基本は原則的評価

まずは株を売ったのが同族株主の場合です。

同族株主が売却する場合、基本的には原則的評価が適用されることになります。

具体的には、「時価純資産価額」または「時価純資産価額と類似業種比準価額の合計額の2分の1」のどちらか低いほうを適用することになります。

時価純資産価額は、相続税法上の純資産価額の算出方法と似ていますが、「土地、借地権を流通価格（相続税法は路線価）で計算する」、「有価証券も時価で計算する」、「含み益のある資産に対する控除37％（法人税率の低下に連動）は適用されない」の3点が違っています。

これらの違いがあることから、相続税法上の株価より法人税法上の株価のほうが高くなる傾向があります。

一方、類似業種比準価額についての算出方法は、相続税法と同じです。ただ、会社規模が大会社の場合、相続税法上では類似業種比準価額が100％適用されるのに対し、法人税法上では、会社の規模にかかわらず、常に小会社とみなして類似業種比準価額は50％の比率でしか適用されません。

同族株主が自社に売却した場合の株価評価

① 時価純資産価額
② (時価純資産価額+類似業種比準価額)× $\frac{1}{2}$

▼

①と②のどちらか低いほうを選択

法人税法と相続税法の違い

時価純資産価額	● 土地、借地権は流通価格で計算(相続税法は路線価) ● 有価証券も時価で計算 ● 含み益のある資産に対する控除37%(※)の適用なし(相続税法は適用)　※2020年3月現在
類似業種比準価額	● 会社の規模にかかわらず、常に小会社とみなして類似業種比準価額は50%の比率でしか適用されない(相続税法は会社の規模によって比率が変わる)

4 自己株式の取得と買取価格（売主が非同族株主の場合）

◉一般社員の場合は配当還元価額

売主が非同族株主の場合、相続税法上は配当還元価額が適用されますが、自己株式の買取価格の場合は、判例によると、一般社員株主と役員または役員経験者とでは考え方が異なっています。

まず売主が一般社員株主の場合ですが、この場合は持株比率が5％未満のケースが多いので、基本的には配当還元価額の買取で問題ありません。

判例上も、一般社員の株式保有の目的は配当を得る権利との考え方に立っていますので、配当が反映された配当還元価額が適用されます。

◉役員または役員経験者の場合は類似業種比準価額

次に、売主が非同族の役員または役員経験者の場合です。

この場合、持株比率が5％未満の人で、本人が了解すれば、配当還元価額でも税務上は問題ないと考えられます。

しかし、株主が納得しない場合には、類似業種比準価額または純資産価額や配当還元価額との併用方式をベースに買取価格を提示する必要があると考えられます。

実際、裁判所は、役員は経営陣として経営責任を負っており、会社の業績に対する貢献度合いは社員より大きいので、利益を反映した株価が適用されるべきとの考え方に立っています。

したがって、買取価格で法的な争いになった場合には、類似業種比準価額や純資産価額を考慮した株価にならざるを得ないでしょう。

最後に、売主が非同族の法人株主の場合については、法人税基本通達で「持株比率5％未満の法人でも配当還元価額が適用される」と解説されています。

ただし、非同族株主でも、持株比率が20～30％と高い場合には、配当還元価額の適用が認められないことも考えられますので、顧問の税理士または株式問題に強い税理士法人と事前によく相談されることをおすすめします。

非同族株主が自社に売却した場合の株価評価

<table>
<tr><td>①売主が一般社員の場合</td><td colspan="2">配当還元価額</td></tr>
<tr><td>②売主が役員または役員経験者の場合</td><td colspan="2">配当還元価額または類似業種比準価額や純資産価額を考慮した価額</td></tr>
<tr><td rowspan="2">③売主が非同族の法人株主の場合</td><td>持株比率が5%未満の場合</td><td>配当還元価額</td></tr>
<tr><td>持株比率が20～30%と高い場合</td><td>顧問税理士または株式問題に強い税理士法人に相談</td></tr>
</table>

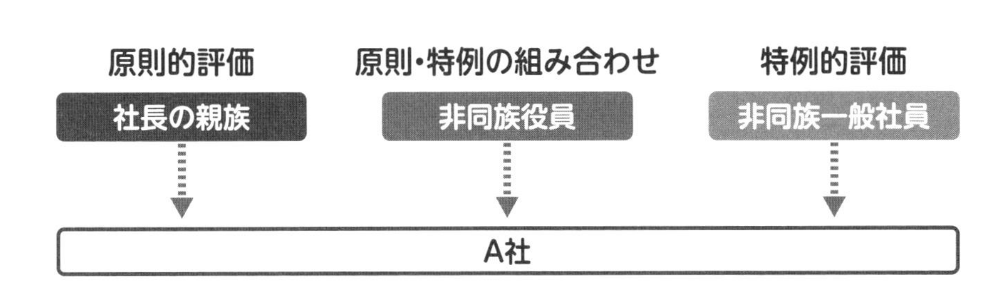

5 個人株主が自社株を自社に売却した場合の課税

◉売却金額を2つに分解する必要あり！

自社株を自社に売却した場合、売主に対する課税はどうなるのでしょうか？

まず買った側の会社の経理処理はどうなるのかというと、自己株式は貸借対照表の純資産の部にマイナス表示されます。これは剰余金の払戻し、すなわち配当をしたのと同じことになり、売主側は配当所得を得たのと同様の扱いになります。

ただし、売主が自社株を入手したときの状況も考慮に入れる必要があるため、自社株を会社に売却した代金を「資本金（出資した）等部分」と「利益剰余金部分」に分解し、資本金部分は譲渡価額として取得価額を控除し、利益剰余金に相当する部分は配当所得として課税額を計算することになります。

ちなみに、譲渡所得は分離課税で、税率は一律20・315％なのに対し、配当所得は総合課税で、税率は最高で約50％です（通常の配当と同様に20・42％が源泉徴収されます）。

◉創業社長が自社株を自社に売却した場合の課税

たとえば、創業社長が1株あたりの資本金（旧額面）500円の自社株を1株5万円で2000株、自社に売却したとしましょう。

この場合、1株あたりの売却代金を分解すると、5万円のうち資本金（譲渡価額）部分は500円で、配当所得部分は4万9500円となります。

これをもとに課税額を計算すると、

・資本金等部分（譲渡価額）

譲渡損益＝譲渡価額(500円×2000株)－取得価額(500円×2000株)＝0円

・利益剰余金部分（配当所得）

配当所得＝4万9500円×2000株＝9900万円

ということで、譲渡損益は0円なので、この部分に対する課税はなく、配当所得の9900万円に対して最高で約50％の課税がされることになります。

自社株を自社に売却した場合の課税

①売却代金を「資本金等部分」と「利益剰余金部分」に分解する。

②資本金等部分は譲渡価額として課税額を計算。

※分離課税で税率は一律20.315%

③利益剰余金に相当する部分は配当所得として課税額を計算。

※総合課税で税率は最高で約50%

※配当金額については、通常の配当と同様に20.42%が源泉徴収される

出資部分=資本金等=譲渡価額
譲渡価額−取得価額=譲渡損益
売却代金−資本金等=配当所得

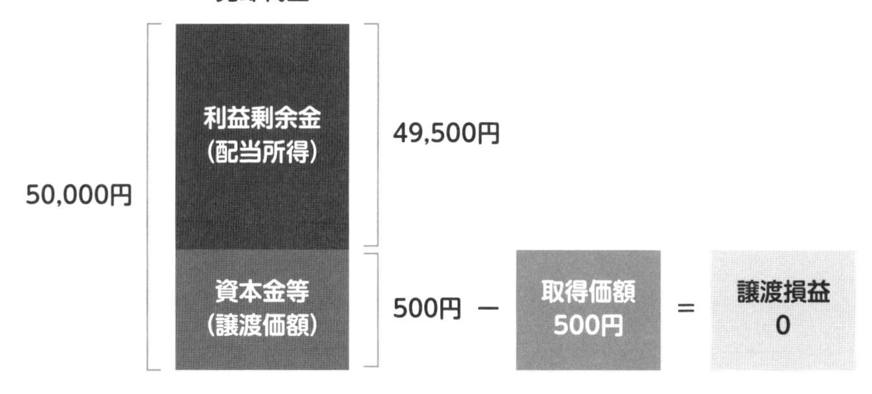

6 後継者が自社株を自社に売却した場合の課税

◉購入価格によっては譲渡損益が生じることがある

では、後継者が自社株を自社に売却した場合はどうなるのでしょうか？

たとえば、後継者が創業社長から1株あたりの資本金（旧額面）500円の自社株を、1株5万円で購入していました。その後、資金が必要になったために、2000株を会社に1株5万円で売却したとします。

これを譲渡価額（売却金額）と配当金額に分離すると、譲渡価額は500円、配当金額は4万9500円となります。ここまでは創業社長のときと同じなのですが、違うのはここからです。

・資本金等部分（譲渡価額）

譲渡損益＝｛譲渡価額（500円）－取得価額（5万円）｝×2000株＝▲4万9500円×2000株＝▲9900万円

・利益剰余金部分（配当所得）

配当所得＝4万9500円×2000株＝9900万円

◉非上場株式以外の損益通算はできない

今回のケースの場合、1株あたり4万9500円の譲渡損が発生しています。ところが、個人が会社に自社株を売却した場合、譲渡損益と配当所得は通算できませんので、9900万円の配当所得に約50％の課税がされることになってしまうのです。

では、ほかに株取引があれば、その利益と通算していいかというと、個人の場合、非上場株式の譲渡益としか損益通算ができないことになっています。したがって、ほかに非上場株式の譲渡益がない場合、今回の譲渡損は考慮されないことになるのです。

5万円で買った自社株を自社以外の関係会社に5万円で売却していれば、配当所得の対象にはならず、譲渡益課税のみとなるので、本ケースの場合の課税は0円となります。しかし、売却先が自社の場合は、配当所得と譲渡損に分解されてしまい、さらに通算が認められないため、売却損が出ているにもかかわらず、配当所得の部分に課税されることになるのです。

自社株を自社に売却し譲渡損益が出た場合のポイント

①非上場株式の譲渡損と配当所得は通算できない。

②個人の場合、非上場株式の譲渡損は、非上場株式の譲渡益としか損益通算ができない。

③5万円で買った自社株を、自社以外の関係会社に5万円で売却すれば、譲渡益は0なので、課税も0となる。

事例 〈資本関係図〉

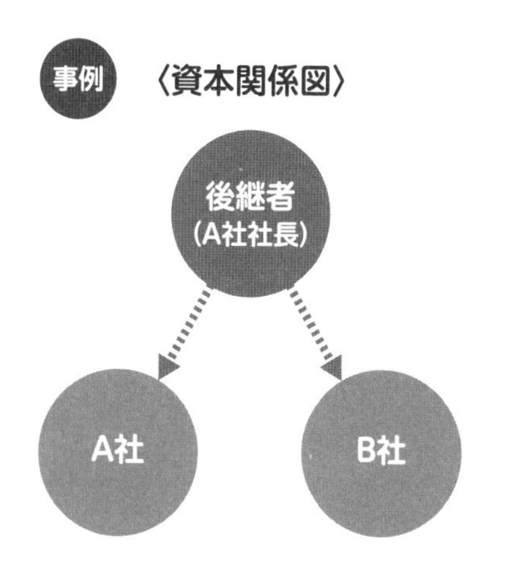

〈A社株主の構成推移〉

現状

株主	持株数
後継者	20,000株

自己株式として2,000株売却

株主	持株数
後継者	18,000株
自己株式	2,000株

B社に2,000株売却

株主	持株数
後継者	18,000株
B社	2,000株

A社株式をA社に自己株式として売却した場合

売却代金=50,000円
資本金等=譲渡価額=500円
譲渡損益=譲渡価額−取得価額=500円−50,000円=▲49,500円
配当所得=売却代金−資本金等=50,000円−500円=49,500円

A社株式をB社に売却した場合

譲渡損益=譲渡価額−取得価額=50,000円−50,000円=0

7 相続から3年10カ月以内の特例

◉3年10カ月以内に売却すれば譲渡所得になる

自社株を自社に売却した場合、先ほど説明したように、譲渡所得と配当所得に分解して課税額を計算するのが原則です。

しかし、相続で取得した自社株を、自社に自己株式として売却する場合には、税務上の特例があり、全額譲渡所得として扱われることになっています。

ただし、この特例を受けるためには、相続から3年10カ月以内に自社に売却する必要があります。

◉特例を受ける場合の3つの注意点

この特例を受ける場合の注意点は次の通りです。

①取得価額

相続で取得した自社株の取得価額は、被相続人の取得価額を引き継ぎます。

したがって、創業社長から相続した株式の評価が1株5万円だったとしても、取得価額は当初の出資金額の500円となり、売却益が発生します。

売却益は5万円－500円＝4万9500円です。

②譲渡経費

自社株を承継するときに負担した相続税は、譲渡経費として売却益から差し引くことができます。

仮に、相続税率が20%とした場合、5万円×20%＝1万円が経費となりますので、売却益は4万9500円－1万円＝3万9500円となります。

③譲渡所得税

譲渡所得税は分離課税で一律20・315%ですので、課税額は3万9500円×20・315%＝8024円です。配当所得の税率が最高で約50%なのに比べると、約30%の節税になりますので、この特例の節税効果は大きいといえるでしょう。

ただし、自社株を自社に売却する場合、自己株式には議決権がありませんので、持株比率が低下することになります。したがって、持株比率が50%前後の場合は、後継者が経営権を有する関係会社に売却することをおすすめします。

相続から3年10カ月以内の特例

相続で取得した自社株を自社に自己株式として売却する場合、相続から3年10カ月以内に自社に売却すれば、譲渡所得として扱われる。

特例を受ける場合の3つの注意点

①取得価額

相続で取得した自社株の取得価額は、被相続人の取得価額を引き継ぐことになる。

②譲渡経費

自社株を承継するときに負担した相続税は、譲渡経費として売却益から差し引くことができる。

③譲渡所得税

譲渡所得税は分離課税で一律20.315%で計算する。

8 法人株主が自社株を自社に売却した場合の課税

◉法人株主の場合は個人よりも有利

では、法人株主が自社株を自社に売却した場合の課税はどうなるのでしょうか？

売却金額を配当所得と譲渡損益に分ける考え方は個人の場合と同じですが、法人の場合は個人の場合よりも有利になっています。

まず配当所得ですが、法人の場合は持株比率によって次のように優遇されています。

①法人株主の持株比率が5％以下の場合、配当所得の20％が非課税になります。

②法人株主の持株比率が5％超～3分の1以下の場合、配当所得の50％が非課税になります。

③法人株主の持株比率が3分の1超の場合、配当所得（配当－負債利子）はすべて非課税です。

④A社とB社の関係が完全支配関係（左ページ参照）にある場合には、①②③にかかわらずグループ法人税制が適用されて、配当所得は全額非課税となります。

◉譲渡損は配当所得や他の所得とも損益通算できる

続いて、譲渡損益については、次のようになっています。

まず個人の場合には、譲渡損が出ていても、配当所得との通算はできませんでした。しかし、法人の場合は、譲渡損と配当所得は原則、通算ができるようになっています。

さらに、個人の場合は、譲渡損は他の非上場株式の譲渡益との間でしか損益通算ができませんでしたが、法人の場合は他の所得との損益通算ができるようになっています。

ですので、配当所得が非課税の場合には、譲渡損だけが残ることになりますが、他の所得との通算が可能になります。

ただし、完全支配関係にある場合には、租税回避目的に該当する可能性がありますので、配当所得は非課税にはなりますが、譲渡損は損金扱いになりませんので注意が必要です。

法人株主が自社株を自社に売却した場合

配当所得

①法人株主の持株比率が5%以下の場合
→ 配当所得の20%が非課税

②法人株主の持株比率が5%超～3分の1以下の場合
→ 配当所得の50%が非課税

③法人株主の持株比率が3分の1超の場合
→ 配当所得(配当−負債利子)はすべて非課税

④完全支配関係にある場合
→ ①②③にかかわらず、配当所得は全額非課税

譲渡損益

①譲渡損と配当所得は通算ができる

②譲渡損は他の所得との損益通算ができる

完全支配関係とは?

- 完全支配関係とは、一の者が法人の発行済株式等の全部を直接もしくは間接に保有する関係をいう。
- 「一の者」は、内国法人だけでなく、外国法人も個人株主も該当する。
- 個人株主の範囲は、当該個人株主の配偶者、6親等内の血族、3親等内の姻族、当該個人株主と内縁関係になる者、当該個人株主の使用人等が含まれる。

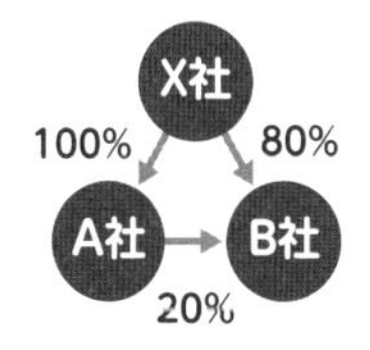

A社はB社の株を20%しか保有していないが、X社(一の者)が支配しているので、これら3社は完全支配関係にある

A社がB社から受け取る配当は全額非課税

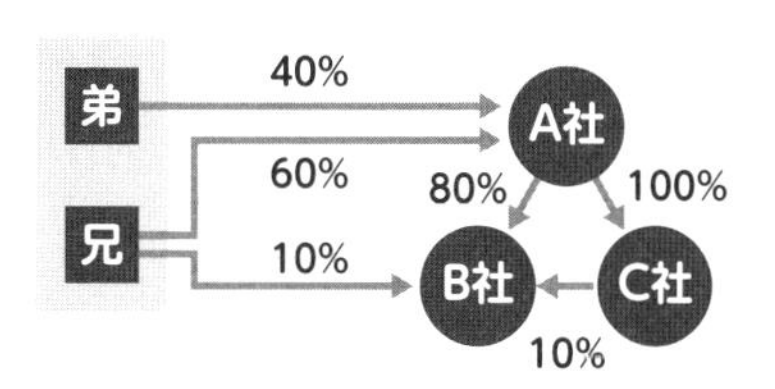

A社はB社の株を80%しか保有していないが、兄と弟は兄弟なので「一の者」に該当し、この兄弟がA社、B社、C社を支配しているので完全支配関係にあるといえる

C社がB社から受け取る配当は全額非課税

9 法人間の株式の持ち合いを解消する際の注意点

◉25％以上持たれている会社は要注意！

法人同士で株式を持ち合う場合、注意しなければいけないことがあります。

それは、法人間で株式の持ち合いをした場合、25％以上の株式を持たれた法人は、相手の会社の株式を保有したとしても、その株式の議決権がなくなるということです。

たとえば、社長がA社の株式の55％を保有し、B社の株式の30％を保有しているとします。

このときA社とB社がお互いの株式を30％ずつ持ち合っているとすると、A社が保有するB社の株式には議決権がありませんので、社長にもB社の経営権はないというわけです。

◉誰が株式を買うのかが大きなポイント

では、社長がB社の経営権を持つには、どうすればいいのかということですが、社長がその他の株主からB社の株式を購入し、持株比率を過半数に引き上げる方法があります。

しかし、それ以外にも、B社が保有するA社の持株比率を25％未満に引き下げることによって、A社が保有するB社株式の議決権を復活させるという方法もあります。

実は、このとき誰がB社からA社の株式を買うのかによって、大きな差があるのです。

ひとつは、社長がB社から購入する場合です。この場合は普通の株式の売買になりますので、B社に売却益が出た場合は、売却益の１００％が課税対象になります。

もうひとつは、A社がB社から買い戻す場合です。この場合は自己株式の売買になりますので、B社に売却益が出た場合、それは配当所得となり、税金がかなり安くなります（持株比率によって１００％非課税から20％非課税まで）。

ちなみに、冒頭のケースの場合は、50％が非課税になります。

B社の持株比率を25%未満にすれば議決権が復活

現状の資本関係

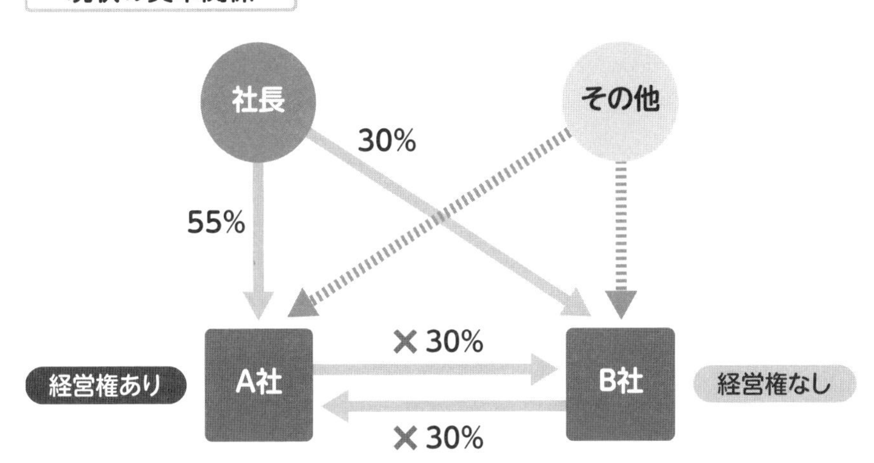

対応後の資本関係

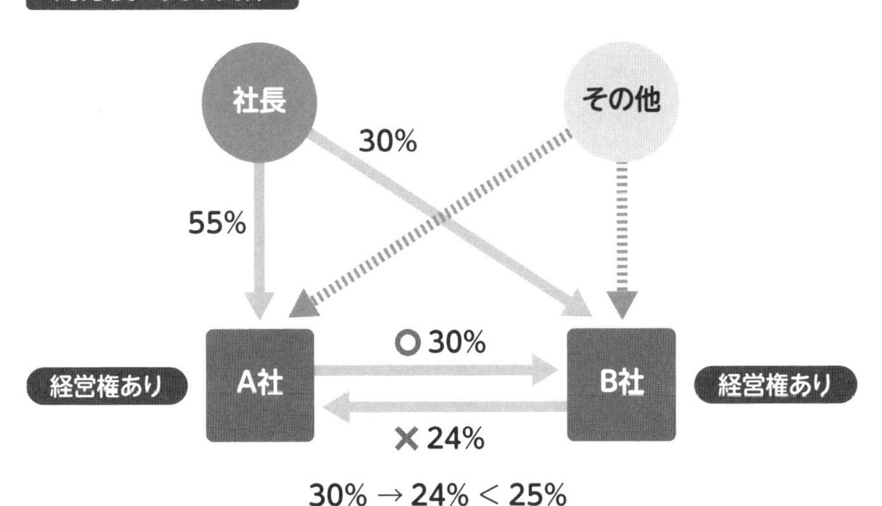

10 株主との合意に基づく自己株式取得の手続き

◉全株主を対象とした買取はトラブルのもと

会社が自己株式として買取る場合、株主総会の普通決議で、取得金額の総額と株式数と取得期間（1年以内）を決めて、全株主に対して取得の具体的な条件を提示して希望者を募ることになります。

しかし、後継者等の親族が高い株価（原則的評価）で自己株式を売却する場合には、この方法は使えません。なぜなら、すべての株主に高値で持株を売却できることを知られてしまい、高値での株式買取請求を受けたり、退職時の持株の買取価格で一般社員ともめたりするリスクがあるからです。

◉特定の株主に限定して買取る方法がある

そこで、このようなリスクを回避するために、特定の株主に限定して買取る方法があります。

具体的には、株主総会の特別決議を行い、買取株数と金額の総枠、特定の株主に限定する旨を決定します（特定の株主は株主総会において議決権を行使できない）。次に、取締役会で具体的な条件を決め、特定の株主に通知した上で自己株式を取得します。

しかし、この場合でも全株主に対し、株主総会の前に招集通知とあわせて、自己を売主として追加請求できる旨を通知する必要があります。

したがって、その他の株主が自己株式売却の意向を示した場合には、それも含めて買取株数の総枠を再配分することになります（**売主追加請求権**）。

例外として、相続により自社株を取得し、議決権を行使していない場合には、売主追加請求権の対象外となります。ただし、株主が後継者の場合には、議決権を行使しないことはあり得ませんので、売主追加請求権の排除は困難です。なお、後継者が支配権を有する別会社への売却を検討する場合は、次の理由により、自社に売却するより有利になります。

- **自社以外への売却は株主総会の承認が不要なため、株価の情報が表に出ない。**
- **持株比率が下がらない。**
- **譲渡所得となり、最大30％税率が下がる。**

全株主を対象に自己株式として買取る場合

株主総会の普通決議で、取得金額の総額と株式数と取得期間（1年以内）を決め、
全株主に対して取得の具体的な条件を提示して希望者を募る

▼

全株主に高値で持株を売却できることが知られてしまう

▼

高値での株式買取請求を受ける
退職時の持株の買取価格で一般社員ともめる

▼

後継者等の親族が高い株価（原則的評価）で自己株式を売却する場合は、
この方法は使えない

特定の株主に限定して買取る方法

株主総会の特別決議を行い、買取株数と金額の総枠、特定株主を決定。
ただし、事前に全株主に売主追加請求権について通知を行う必要がある
（特定の株主は議決権を行使できない）

▼

売主追加請求権は排除できない

下記の条件をすべて満たす場合
- 相続により自社株を取得
- 議決権を行使していない

▼

売主追加請求権の対象外

売主追加請求権を排除する方法

定款にその旨を記載する

株主全員の同意が必要なので、社長が元気なうちに定款を変更しておくことが望まれる。

①会社を新規に設立する場合

あらかじめ定款に謳っておく。

②すでに会社を設立している場合

創業社長の場合、定款変更の可能性があるが、後継者に代替わりした場合は難しいケースが多い。

COLUMN 4

非公開会社であっても株式の換金は簡単

上場会社の株式は市場で売却すれば換金ができますが、非公開会社の場合、売却できる市場がないので株式を換金できないと思い込んでいる経営者がほとんどです。クライアントの社長と面談した際に、「自社株の換金方法を知っていますか？」と質問しても、正しい回答をされた経験は一度もありません。

自社株の換金は難しいのでしょうか？

いいえ、極めて簡単な方法で換金ができるのです。自分の持株を関係会社に売却すれば簡単に換金ができます。

上場会社との違いは、上場会社は投資家（第三者）が資金負担するのに対し、非公開会社の場合は関係会社が買取資金を負担することだけです。

ある高収益のグループ会社では、社長が各社の株式を直接保有していましたので、各社の持株を中核会社に売却し、50億円の売却代金を手にしたこともありました。また、別の高収益会社の場合には、社長と社員も含め全員が持株を持株会社に売却し、合計で20億円、社員でも1,000万円程度の売却代金を手にしたケースもあります。

会社を上場させなくても、会社が儲かってさえいれば、その体力に合わせて持株の換金ができる、というわけです（なお、譲渡所得税は分離課税で一定税率20.315%が適用されます）。

5章

後継者が経営権を失わないための事業承継対策

1 税金対策より重要なのは経営権の承継
2 事前に後継者に自社株を移動しておく
3 名義株と疑われないための贈与時の注意点
4 生前に譲渡する5つのメリット
5 後継者・持株会社の自社株買取資金を80%軽減
6 遺言で後継者に経営権を付与する
7 自社株がなぜ遺留分侵害リスクの要因になるのか
8 持株会社の活用で経営権を安定化させる
9 4通りの持株会社への自社株移動方法
10 持株会社の活用で経営を効率化する
11 グループ会社の資本戦略①
12 グループ会社の資本戦略②
13 1株だけ残して経営権を維持する方法
14 信託の活用で経営権を残し、財産権のみ承継する
15 定款で取締役解任の条件を厳しくしておく

1 税金対策より重要なのは経営権の承継

◉相続税はあくまで承継の「コスト」と考えるべき

事業承継というと、相続税対策が一番に挙げられがちですが、実は事業承継で一番大事なことは、後継者に経営権をきちんと承継することです。

相続税はあくまで承継の「コスト」と考えるべきであって、大事なのは後継者が社長の座を引き継いだ後、経営権を失わないようにしておくことなのです。

この経営権の承継をきちんと行わなかったために、後継者が解任されたりするケースが起こっています。

具体的には、次の順番でクリアしていきます。

①最低でも議決権のある株式の過半数を確保する

過半数の株式があれば、株主総会の普通決議を後継者が単独でできるようになります。つまり、取締役はすべて自分で選任も解任もできるということです。

②株主総会の特別決議を可能にするために、3分の2の議決権を確保する

この場合、後継者単独で3分の2を確保するのがベストですが、無理であれば、後継者の味方になってくれる社内の親密な株主を確保しておくことです。特別決議を否決できる3分の1超の株主は最優先で対応しましょう。

③3分の1以下の少数株主で将来問題となりそうな株主については、事前に株式を買取る等して整理しておく

現在、問題株主ではなくても、株主の高齢化で、相続によって遺族に持株が承継されるリスクがありますので、早期に対応することが望まれます。

分散した株主との買取交渉は、2代目には難しいケースが多いので、創業社長自らが早期に対応することが必要でしょう。

◉社長の持株に議決権があるかを確認する

特に持株会社の株式を本体会社が25%以上買取り持ち合いになった場合、持株会社が保有する株式には議決権がありません（4章9項参照）。持株会社が保有する株式も含めて、議決権の過半数を確保している場合には経営権がないので、注意が必要です。

事業承継でクリアすべき3つのこと

①議決権のある株式の過半数を確保する

→取締役全員を後継者「単独」で選任・解任ができる

議決権が50%未満になると……

→造反取締役が他の株主と結託すると、後継者が取締役を解任されてしまう

②株式の3分の2の議決権を確保する

→株主総会の特別決議が可能になる（定款変更、組織再編、増減資等の重要事項）

- 一部買取等により、後継者側の議決権の比率を上げる方策を検討する
- 後継者単独で3分の2を確保できればよいが、相続税負担大なので、他の株主を親密な関係にする

③問題株主または将来問題株主になる可能性のある株主への対応

→3分の1超の議決権のある株式を保有している株主は、単独で特別決議を否決できる

- 一部買取等により、問題株主等の議決権の比率を下げる方策を検討する
- 後継者単独で3分の2を確保できればよいが、相続税負担大なので、他の株主を親密な関係にする

POINT

社長が元気なうちは、株主構成に問題があっても表面化することは少ない。代替わり後に表面化するので、早期に見直しをしよう

2 事前に後継者に自社株を移動しておく

◉自社株の承継のタイミングは早いほうがよい

後継者に自社株を承継する方法としては、3通りあります。

①相続時に移転
②生前に贈与（暦年贈与と相続時精算課税）
③生前に譲渡

後継者に経営権を承継するには、自社株のほとんどを後継者に集中する必要があるため、極めて不平等な財産分割にならざるを得ません。その結果、他の相続人の不満は大きく、トラブルの可能性が高くなります。

そこで、生前に後継者へ自社株を移動しておくことで、その分相続時の自社株が減少し、トラブルリスクの減少につながります。

遺言がない場合には法定相続となり、後継者への自社株集中が困難になるため、遺言は必須事項です。しかし、遺留分の問題は残ります。また、相続の場合には、その時点での株価評価になり、想定外の相続税負担となるリスクがあります。

生前に暦年贈与する場合には、非課税程度の範囲、または株価評価が低い時点で贈与すれば贈与税負担は減少し、7年経過すれば、税務上の相続財産からも外れます。また、遺留分算定の対象は、原則、相続前10年間の贈与に限定されたので、早期に贈与すると遺留分侵害リスクが減少することになります。

生前に譲渡する場合には、株価の低い時期に後継者個人または後継者が支配権を有する会社に売却します。この場合には、自社株が売却代金という現金資産に置き換わり、売却株式は遺留分の対象外となります。

◉財産の分割方法は親（社長）が決めることが大切

子供が複数いる場合には、子供同士で分割方法を決めるのは困難なので、親が事前に決めることが相続時のトラブル防止の観点から大切になります。

生前での後継者への自社株移動も、社長主導で実行しましょう。また、遺留分対策として自社株以外の資産を増やし、後継者以外の相続人に分割できる資産を準備することも重要です。

社長がやるべきこと

生前に、後継者に自社株を移動し、残った株は遺言で集中を図る

- トラブルリスクの低減
- 10年経過により、遺留分侵害リスクの減少
- 低い株価での自社株移動が可能→資金負担の軽減

遺産分割、生前での自社株移動は社長自身が決めること

生前贈与の種類と令和5年度の改正（令和6年1月1日から適用）

	暦年贈与	相続時精算課税
改正内容	**相続財産加算:相続前3年⇒7年**	**基礎控除の110万円を新設**
贈与者の要件	なし	1月1日で60歳以上の父母、祖父母等 直系尊属
受贈者の要件	なし	1月1日で18歳以上の子、孫、養子 直系卑属
基礎控除(非課税)	毎年110万円(贈与者合計)	毎年110万円(贈与者合計)
特別控除(非課税)	なし	贈与者ごとに、通算で 1人あたり　2,500万円
贈与税税率	110万円を超える額に10～55%の 累進課税	贈与者ごとに通算2,500万円を超える 額に、20%の一定税率
相続時の贈与税	相続税から控除	相続税から控除、控除不可⇒還付
相続財産への加算	110万円の基礎控除も**含め** **(相続前7年間の贈与−100万円)**を加算	基礎控除の110万円を**除き** すべての贈与(特別控除含む)を加算
相続時の評価	贈与時の評価で確定	贈与時の評価で確定
有利なケース	長期間にわたり比較的少額の贈与 7年経過後の贈与は相続加算なし	比較的短い期間で多額の贈与 110万円を除き、すべて相続加算
税制改正への対応	年内の思い切った贈与が有利	来年1月以降の贈与開始が有利

直系尊属 父母・祖父母、直通する系統の親族のこと。養父母も含まれる。叔父・叔母、配偶者の父母・祖父母は含まれない

直系卑属 子・孫など自分より後の世代で、直通する系統の親族のこと。養子も含まれる。兄弟・姉妹、甥・姪、子の配偶者は含まれない

3 名義株と疑われないための贈与時の注意点

◉方法を誤ると思わぬ相続税がかかるケースも

世の中には相続税対策として自分が持っている自社株を、贈与税がかからない範囲で毎年少しずつ後継者である長男に贈与している社長もたくさんいます。

しかし、贈与の仕方を間違えてしまうと、社長が亡くなったときに、税務署から「これまで長男に贈与されてきた株は名義株ではないか?」と疑われてしまうことになりかねないのです。

名義株とは、単に名義を貸しているだけで、実際には所有していない株のことです。この名義株に認定されてしまうと、それまで贈与で取得した株でも、贈与として認められなくなり、その分の株についても相続税を払わなければいけなくなってしまいます。

たとえば、社長が100%保有していた自社株を、非課税の範囲内で20年かけてトータルで50%贈与したとしても、名義株だと認定されれば、100%の株を相続したものとして、相続税が計算されることになってしまいます。

◉名義株と認定されないための具体策

では、名義株ではないことを証明するためには、どうすればいいのでしょうか?

最低限やっておくべきことは次の2つです。

1つ目は、**贈与契約書を作成しておく**ことです。

贈与というのは、贈る人と贈られる人の双方の合意があって初めて成立するものです。したがって、これがないと疑われても仕方がないので、必ず作成しておきましょう。

2つ目は、**取締役会等で譲渡承認を得たことを、取締役会議事録に残しておく**ことです。

多くの会社は、自社株に譲渡制限をつけていて、取締役会等の承認を得なければ名義が変更できないことになっています。ですので、譲渡承認を得たという証明があれば、名義株だと疑われることもなくなるのです。

なお、きちんと贈与税を払って贈与した株については、名義株と疑われることはありません。

名義株に認定されないためにやっておくべきこと

せっかく何年もかけて後継者に自社株を贈与したとしても、
名義株だと認定されれば、相続税の課税対象になってしまう。

▼

名義株に認定されないためには?

①贈与契約書を作成しておく
②取締役会等で譲渡承認を得たことを議事録に残しておく

贈与税を払っていれば、名義株と疑われることはない

譲渡承認機関

①取締役会設置会社	取締役会
②取締役会非設置会社	株主総会 ※定款の変更により、代表取締役とすることも可能(さらに、株主間の譲渡は承認を不要とすることも可能)

4 生前に譲渡する5つのメリット

◉個人に売るか会社に売るかで株価が変わる

生前に後継者に自社株を譲渡する場合、後継者個人に譲渡するか、後継者が支配権を有する会社に譲渡するかによって、株価が変わります。

後継者個人に譲渡する場合に適用されるのは相続税法上の株価で、後継者が支配する会社に譲渡する場合は法人税法上の株価が適用されます。

相続税法上の株価と法人税法上の株価を比較した場合、相続税法上の株価のほうが安くなる傾向がありますので、後継者個人に譲渡したほうが安く売却できることになります。

しかし、後継者に資金負担能力がない場合は、後継者が支配権を有する会社を作り、そこに売却することで個人の負担を軽減することができます。

◉譲渡には5つのメリットがある

一方、オーナー社長から見た場合は、後継者個人に譲渡するより、後継者の会社に譲渡したほうが、株価が高いので、お金がたくさん入ってくることになります。

逆にお金はそれほど必要ない場合は、株価が安いので、後継者個人に譲渡したほうがいいといえます。

いずれに譲渡するにせよ、譲渡には次の5つのメリットがあります。

①生前退職金代わりにまとまったお金が入り、社長も続けられる（退職金を受け取るためには社長を退任する必要あり）

②自社株が現金資産に替わるので、遺産分割が容易になる

③売却代金を将来の相続税の納税資金に充当できる

④将来、株の評価が上昇しても、現金資産の評価は確定している

⑤売却株式は遺留分算定の対象外となる

売却代金で不動産を取得すれば、相続財産の評価は50％ほど低下します。また、社長の持株を1株だけ残し、残りすべてを譲渡しても経営権を確保できる方法もあります。

譲渡先別の株価の違い

後継者個人に譲渡	相続税法上の株価を適用	安い
後継者が支配権を有する会社に譲渡	法人税法上の株価を適用	高い

社長の資金需要から見た売り先の決め方

お金が必要な場合	後継者が支配権を有する会社に譲渡
お金はそれほど必要ない場合	後継者個人に譲渡

譲渡した場合の5つのメリット

①生前退職金代わりにまとまったお金が入り、社長も続けられる
（退職金を受け取るためには社長を退任する必要あり）

②自社株が現金資産に替わるので、遺産分割が容易になる

③売却代金を将来の相続税の納税資金に充当できる

④将来、株の評価が上昇しても、現金資産の評価は確定している

⑤売却株式は遺留分算定の対象外となる

5 後継者・持株会社の自社株買取資金を80%軽減

◉社長が後継者に譲渡代金の約80%を貸付

社長の自社株を後継者個人または持株会社に譲渡する場合、後継者・持株会社の買取資金負担が大きく、実行が難しいと諦めるケースが見られます。その場合には、実質的な負担を減らす方法があります。

まず利益を「0」にし、低下した株価で後継者等に譲渡します。後継者は、いったん会社から自社株買取資金を借入し、社長から自社株を買取ります。社長には買取資金が入りますが、譲渡所得税相当額を残し、残額のすべてを後継者に貸し付けます。

その際、親子間で、金銭消費貸借契約書を取り交わし、毎年、少額でもよいので元金を返済していきます。相続時に多額の借入が残ったとしても、相続財産としての貸付金を後継者がすべて相続すれば、その貸付金と後継者の借入金とを相殺することができるので、相続時に残った借入金は資金を動かして返済する必要がありません。**実質的な負担は譲渡所得税相当のみとなり、約80%の資金負担の軽減**になります。

なお、毎年の返済を怠った場合、社長から後継者への貸付金が贈与とみなされるリスクがあるので注意してください。金利については、そのようなリスクはありません。

◉持株会社も後継者と同様に資金負担軽減できる

持株会社の場合は、いったん本体会社または金融機関から買取資金を借入れ、または持株会社が社債発行により資金を調達し、社長から自社株を買取ります。

社長は、譲渡代金から譲渡所得税相当の資金を残し、残額を持株会社に貸し付けます。持株会社は、その資金で借入返済または社債の償還を行います。持株会社も後継者と同様、譲渡所得税分相当の資金負担で済みますので、約80%の資金負担軽減になります。

なお、相続財産を増やしたくない場合には、持株会社に譲渡するのではなく、後継者個人への譲渡と株式移転・株式交換を組み合わせることにより、譲渡代金を抑え、かつ相続財産を減らすこともできます。詳しくは、9章4項をご参照ください。

経常利益が「0」に低下した時点で、個人間譲渡・持株会社に譲渡する

A社会社概要

業種	汎用機械器具製造
資本金	1,000万円
会社規模	大会社
発行株式数	20,000株
売上	25億円
経常利益	0億円 (通常1.5億円)
純資産	15億円
配当	無配
含み益	2億円

株価概算

相続税法上の株価		利益1.5億円	利益「0」
	類似業種比準価額	35,000円	1,9000円
	純資産価額	81,000円	81,000円
法人税法上の株価		利益1.5億円	利益「0」
	時価純資産価額	85,000円	85,000円
	{時価(純)+(類)}/2	58,000円	52,000円

長男への譲渡に適用する株価	19,000円
持株会社への譲渡に適用する株価	52,000円

相続時の株主構成と持株評価(百万円)

株主構成	持株数	相続評価	法人評価
社長	11,000	209	572
長男(後継者)	8,000	152	416
次男(取締役)	1,000	19	52
合計	20,000	380	1,040

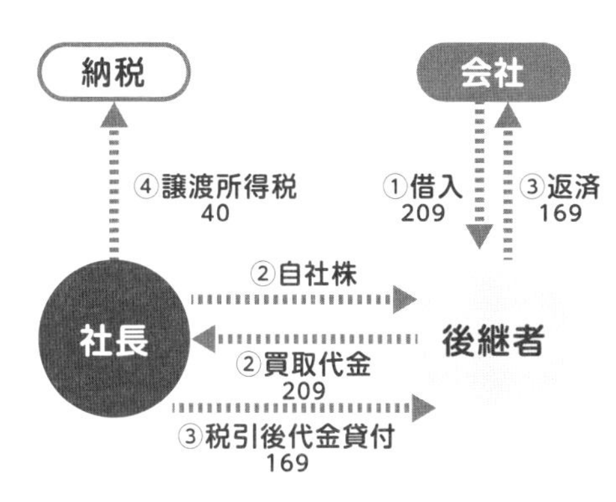

①後継者個人に譲渡

譲渡代金	譲渡所得税	税引後
209	40	169

- 税引後譲渡代金　169百万円(80%)を親子間貸付
- 借入額209⇒40に減少
- 金銭消費貸借契約締結し、毎年元金返済、相続時に貸付金と借入金を相殺
- 相続財産も減少209⇒169

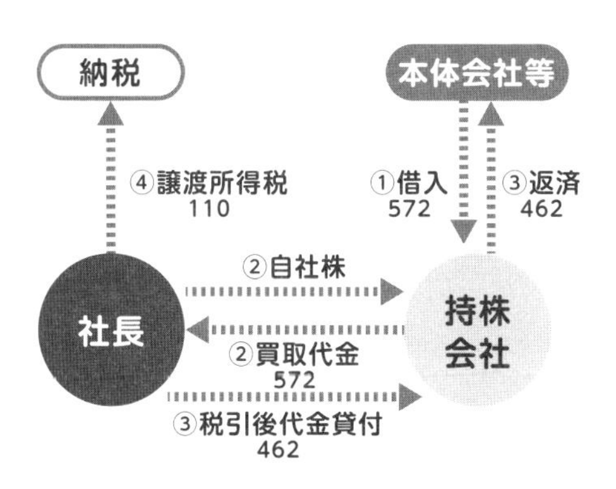

②持株会社に譲渡

譲渡代金	譲渡所得税	税引後
572	110	462

- 税引後譲渡代金　462百万円(80%)を持株会社に貸し付け。借入残572⇒110に減少

6 遺言で後継者に経営権を付与する

◉相続で自社株を後継者に移転するのは危険

社長の生前に後継者に株式を移転し、経営権を付与しておけば、もめることはありませんので、それがベストな方法といえます。

しかし、それが無理な場合は、社長が亡くなった際の相続時に株式を移転することになるわけですが、不平等な遺産分割を相続人任せにすることは、トラブルのもとになります。

◉自社株は普通の財産と違う

後継者に自社株を集中させるために、他の財産をできる限り他の相続人に渡したとしても、一般的に不平等な分割を是正することは困難です。遺言がない場合、相続人全員で遺産分割協議を行うことになりますが、協議の前提になるのが法定相続分であり、協議をまとめるには相続人全員の同意が必要となるため、後継者に自社株を集中させることは困難なのが実情です。

しかし、遺言があれば、遺産分割協議（相続人全員の同意）が不要となるため、不平等な分割が可能となります。ただし、遺言がある場合でも、後継者以外の相続人には遺留分（法定相続分の2分の1）が認められていますので、分割財産が遺留分に満たない場合は、後継者は遺留分侵害額を請求されるリスクがあります。そのため、自社株以外の資産はできるだけ後継者以外に割り当てることが望まれるのです。

また、過去に自社株の贈与があった場合は、遺留分の額が増えることになります（左ページ参照）。

さらに、複数の子供が会社に入っている場合には、兄弟間で争いに発展する可能性があります。過半数の持株が後継者に渡れば、他の兄弟がもめても、主導権争いには発展しませんが、そうでない場合は、主導権争いに巻き込まれてしまうことになります。

自社株を生前に移動する場合でも、社長の持株をすべて移動することはまれですので、手元に残った自社株を含めた財産の分割でもめないようにするためには、親の意思や希望を反映できる遺言は必須といえるでしょう。

相続で自社株を後継者に渡す場合

①遺言がない場合

- 法定相続分を前提に、相続人全員で遺産分割協議を行う
- 相続人全員の同意が必要

▼

後継者に自社株を集中させることは困難

②遺言がある場合

- 遺産分割協議(相続人全員の同意)が不要

▼

不平等な分割が可能だが……

- 後継者以外の相続人には遺留分(法定相続分の1/2)が認められているので、分割財産が遺留分に満たない場合は、後継者は遺留分侵害額を請求されるリスクがある。そのため、自社株以外の資産はできるだけ後継者以外に割り当てておくことが望まれる。
- 過去に自社株の贈与があった場合は、贈与された分が遺留分算定の対象となる(これまではすべての期間が対象だったが、2018年の相続に関する民法等の改正で、原則、相続開始前10年間の贈与に限定することになった)。
- さらに、株価は贈与時のものではなく、相続時の時価評価額が算定の対象となるため、株価が上昇している場合は、ダブルで遺留分が増えることになる。

▼

自社株は普通の財産と違うということを、子供たちに言い含めておくことが大事!

7 自社株がなぜ遺留分侵害リスクの要因になるのか

◉トラブル回避が何よりも大切

自社株が遺留分侵害につながる理由を知ることは、将来の事業承継を成功させ、会社のトラブルを回避するために必要です。

会社の存続においては、目先の税金問題よりもトラブルを回避することが何より重要になります。ここでは、トラブルの主な要因について説明します。

①後継者に経営権を承継するために自社株を集中する

経営者の財産構成上、自社株のウエイトが最も高いうえに、後継者に自社株が集中するため、不平等な財産分割になります。

②遺留分の対象は、相続時と相続前10年間の贈与

相続時に、自社株が相続財産でない場合でも、過去10年間に贈与した自社株があれば、原則、遺留分対象になります。商法改正前は、相続前の贈与はすべて対象でしたが、原則10年間に限定されました。ただし、遺留分算定にあたっては、相続時の時価純資産価額が適用されます。

③遺留分算定上の評価は、相続時の時価純資産価額

自社株評価方法として、相続税法上の株価と法人税法上の評価がありますが、この2つの評価には大幅な乖離があります。具体的には、相続時の財産評価は、相続税法上の純資産価額と類似業種比準価額によりますが、類似業種比準価額は純資産価額の50％以下のケースが一般的な傾向にあります。株価評価上の会社規模が大きいほど、類似業種比準価額の適用割合が高く、大会社の場合には、類似業種比準価額が１００％適用されることになります。

遺留分の算定にあたっては、相続税法上の純資産価額より高い法人税法上の時価純資産価額が適用され、相続税算定に適用される株価の数倍になることもあります。したがって、相続財産の分割において、現預金を後継者以外の子に多く割り当てても、時価ベースではかなりの格差が生じ、遺留分侵害を起こすリスクが生じますので、自社株を対象から除外または現預金を厚くすることが望まれます。

遺留分侵害リスクの要因

A社会社概要

業種	汎用機械器具製造
資本金	1,000万円
会社規模	大会社
発行株式数	20,000株
売上	25億円
経常利益	1.5億円
純資産	15億円
配当	無配
含み益	2億円

株価概算

相続税法上の株価		
	類似業種比準価額	35,000円
	純資産価額	81,000円
法人税法上の株価		
	時価純資産価額	85,000円

相続・贈与に適用する株価	35,000円
遺留分に適用する株価	85,000円

相続時の株主構成と持株評価(百万円)

株主構成	持株数	相続評価	法人評価
社長	11,000	385	935
長男(後継者)	8,000	280	680
次男(取締役)	1,000	35	85
合計	20,000	700	1,700

(注)長男、次男の持株は10年間の贈与

社長の相続時財産

財産	相続評価	時価
自社株	385	935
自宅	20	100
現預金	100	100
合計	505	1,135

遺産分割

※自社株は長男に集中

財産	長男	次男	合計
自社株	385	0	385
自宅	20	0	20
現預金	0	100	100
合計	405	100	505
分割比率	0.802	0.198	1
相続税	123.8	30.6	154.4
納税資金	−123.8	69	−54.4

遺留分侵害リスク

対象財産	長男	次男	合計
自社株	1615	85	1700
自宅	100	0	100
現預金	0	100	100
合計	1715	185	1900
遺留分	475	475	950
侵害額	0	−290	−290

※自社株は過去10年間の贈与も含む

相続税評価での遺産分割において

- 自社株を後継者の長男に集中した結果、現預金を次男にすべて相続させても不平等な分割にならざるを得ない
- 長男は納税資金が不足するので、会社から借入するか、持株の一部換金を検討する

遺留分侵害の観点から

贈与分も含め、圧倒的な分割格差が生じ、次男は2.9億円の侵害額請求を長男に行い、長男は2.9億円の借入または持株換金に追い込まれる

8 持株会社の活用で経営権を安定化させる

◉自社株が相続対象になっている限り分散する

社長の存命中に後継者に自社株を移転したり、遺言で後継者に自社株の大半を承継することに成功したとしても、実はそれで安心というわけにはいきません。なぜなら、次の代への相続時に、自社株が分散してしまう可能性があるからです。

つまり、自社株が相続の対象となっている限り、自社株分散の問題は永遠に続いていくわけです。したがって、この問題を根本的に解決するには、社長の自社株を相続対象から切り離すしかありません。そうすれば、自社株の分散を防止することができるのです。

◉持株会社に移動すれば分散問題は解決する

では、具体的にどうすれば、自社株を相続財産から切り離すことができるのか？

それは、社長の持株を持株会社に移動することです。持株会社は解散しない限り相続はありません。

移動の方法には、「株式移転・株式交換」と「譲渡」があります。

株式移転・株式交換は、すべての株主が持株を100％取得させ、親会社の100％子会社とする代わりに、親会社の株式を取得するという方法です。

なお、株式移転は本体の株主構成がそのまま移転するのに対し、株式交換は既存の株主構成に、本体の株主構成が一定の交換比率によって組み合わされます。さらに、一定の条件により非課税で、かつ資金負担なしに移動することができます。

一方、譲渡の場合は、持株は売却代金に置き換わり、売却益がある場合は譲渡所得税20・315％がかかることになります。その代わり、持株会社の株主構成は自由に設計でき、後継者や孫（未成年者もＯＫ）を株主とし、間接的に自社株の承継をすることができます。

いずれの方法でも、将来持株会社において持株が分散した場合、次の後継者の持株が過半数を維持できていれば、本体の経営権には影響がありません。

自社株を相続財産から切り離す事例

①会社設立時

A社株式は相続対象

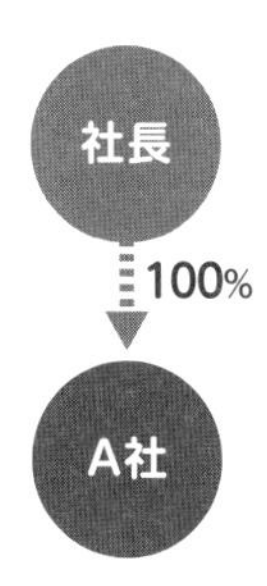

②持株会社に移動

A社株式が相続対象でなくなる

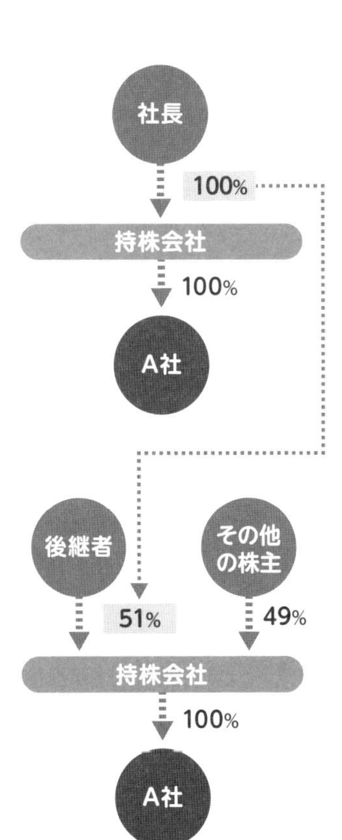

③承認後

後継者の持株が低下しても、51%維持できればA社の経営権は万全

9 4通りの持株会社への自社株移動方法

◉株式移転・株式交換と株式交付の違い

自社株の移動方法は、前項で説明した**譲渡**、**株式移転**、**株式交換**に加え、2021年3月1日から施行された改正会社法において追加された**株式交付**の4通りとなっています。

株式移転と株式交換は100%の親会社・子会社関係を構築することが条件である一方、株式交付は親会社が子会社の議決権の50%超以上を取得すればよいことになっています。さらに、非課税の要件として株式移転と株式交換が子会社の株主に親会社の株式以外の金銭等を交付することは認めていませんが、株式交付は、取得する子会社株式の20%までは買取し金銭を交付することが認められています。

親族以外の株主がいる場合や名義株が存在する場合には、持株会社に100%自社株を移転するハードルが高いのですが、株式交付は議決権の50%超であることが条件とされており、使い勝手がよくなっています。

◉株式移転・株式交換と株式交付の共通事項

株式交付の子会社株式の買い取りを除き、子会社の株式と親会社の株式との交換は、税金負担・資金負担なしで実行することができます。

◉子会社株式の税務上の受入価額

親会社株式との交換対象となる子会社株式を親会社が資産として受け入れる**税務上の価額**は、交換対象株主が50人未満の場合、**株主の取得簿価**（売買がない場合）となります。その結果、子会社の自己資本が、資本金相当額まで圧縮され、親会社の株価が低下する可能性が生じます。

逆に株主数が50人以上の場合、受入価額は子会社の簿価純資産（自己資本）となり、親会社の株価上昇リスクが生じますので、注意が必要です。

◉株式交付は、同族会社への適用が本年9月末で終了

株式交換部分は非課税かつ資金負担なしで実行可能、子会社の議決権の50%超以上取得許容、株式の一部換金、受入れ価額の圧縮が可能なことから、同族会社以外の会社での活用が今後も十分期待できます。

持株会社への自社株移動方法の比較

<table>
<tr><th></th><th>株式移転</th><th>株式交換</th><th>株式交付</th><th>譲渡</th></tr>
<tr><td>目的</td><td colspan="2">発行株式を持株会社に100%取得させ、
100%親会社・子会社の関係構築</td><td>議決権の50%超取得させ、親子関係構築</td><td>持株比率の条件なし</td></tr>
<tr><td>親会社</td><td>新規に設立</td><td>既存の会社</td><td>既存の会社</td><td>既存の会社</td></tr>
<tr><td>親会社の株主構成</td><td>子会社と同じ株主構成</td><td>子会社の株主に親会社株式を一定比率で割当</td><td>買取株式以外の子会社株主に親会社株式割当</td><td>自由に設計できる</td></tr>
<tr><td>納税負担</td><td colspan="2">非課税要件満たせば、なし</td><td>買取を除き、なし</td><td>売却益に譲渡所得税</td></tr>
<tr><td>非課税要件</td><td colspan="2">①子会社株主に親会社株式のみ割当
②子会社の従業者引き継ぎ、事業継続
完全支配関係⇒①、50%超の支配関係⇒①②</td><td>親会社が取得する子会社株式の80%以上が親会社株式との交換</td><td></td></tr>
<tr><td>非課税要件と子会社株式換金</td><td colspan="2">原則、子会社株式の買取は認められない</td><td>取得する子会社株式の20%まで買取可能
売却益に譲渡所得税</td><td>売却益に譲渡所得税が課税される</td></tr>
<tr><td rowspan="2">資金負担</td><td colspan="2" rowspan="2">なし</td><td>株式買取以外なし</td><td>株式買取資金</td></tr>
<tr><td colspan="2">税引後売却代金を親会社に貸し付ける場合
⇒最終の負担:譲渡所得税相当分</td></tr>
<tr><td>親会社の子会社株式受入価額(会計上)</td><td colspan="2">オーナー会社の場合、子会社の簿価純資産</td><td>買取部分:買取価額
それ以外:左記と同様</td><td rowspan="2">買取価額</td></tr>
<tr><td>親会社の子会社株式受入価額(税務上)</td><td colspan="2">株主数
50名未満:株主の取得価額の合計
50名以上:子会社の簿価純資産</td><td>買取部分:買取価額
それ以外:左記と同様</td></tr>
</table>

株式交付 100%親子関係の構築が不要、かつ、移転株式のうち20%は買取が可能、かつ買取を除き、資金負担・税金負担なしで自社株を移転できる極めて有利な方法。

- 同族会社は、令和5年9月末で適用廃止になることが決定
- 同族会社に該当しない場合は、引き続き適用可能、有効な活用が期待できる

親会社(持株会社)の子会社株式の受入れ価額の比較~株式移転・株式交換・株式交付のケース

〈条件〉子会社の資本金1,000万円、簿価純資産　5億円、共通支配関係

親会社のB/S(税務上) (百万円)

(資産)		(純資産)	
子会社株式	10	資本金	10

親会社のB/S(会計上) (百万円)

(資産)		(純資産)	
子会社株式	500	資本金	500

- 親会社(持株会社)の株価は、税務上のB/Sに基づいて評価される
  ⇒株式移転・株式交換・株式交付は株価評価上有利
- 親会社において、子会社の純資産5億円が1,000万円に圧縮され、純資産価額評価上、子会社株式の含み益に対する37%の控除は、移転後に発生する含み益に限定される
  ⇒移転時は株価低下しない
- 移転後に子会社株式の株価が上昇した分に対し、37%控除され、評価が減少

10 持株会社の活用で経営を効率化する

◉重要事項は原則、社長が一人で決められない

社長の自社株保有率が51％で、残りの49％をその他の株主が保有しているような場合、普通決議の項目は社長が一人で決められますが、特別決議や特殊決議が必要な重要事項については社長が一人で決めることはできません。

したがって、このままの状態では、重要事項を決める場合、他の株主に協力してもらわなければいけないため、どうしても経営効率が悪くなってしまいます。

そこで、この状態をなんとか解消したいと考える社長が多いのですが、思いつくのは他の株主から株を買取ることとくらいです。

しかし、実は株を買取らなくても、社長が一人で決められるようにする方法があります。

それは、持株会社を活用することです。

◉持株会社に株式移転すれば経営効率もアップ

具体的には、現在の会社（A社）の株式すべてを株式移転し、新たに持株会社を設立して、その100％子会社になります。

すると、持株会社の株式の保有比率は今と変わらず、社長が51％、その他の株主が49％のままなので、その他の株主は持株会社の経営には口出しできても、子会社のA社の経営には口出しできなくなります。

その結果、社長は実質的にA社の経営について一人でなんでも決められるようになり、経営効率が格段に良くなるというわけです。

たとえば、A社が臨時株主総会を開催しなくても、株主が提案し、株主全員が承認すれば、開催したことになります。A社の株主は持株会社1社だけなので、社長が提案し、社長が承認すれば開催したことになるのです（書面決議OK）。

さらに、この状態にすることで、その他の株主は子会社の会計帳簿の閲覧には裁判所の許可が必要になるので、A社の経営情報を勝手に見ることができなくなるため、情報の流出防止にもなります。

持株会社の活用事例

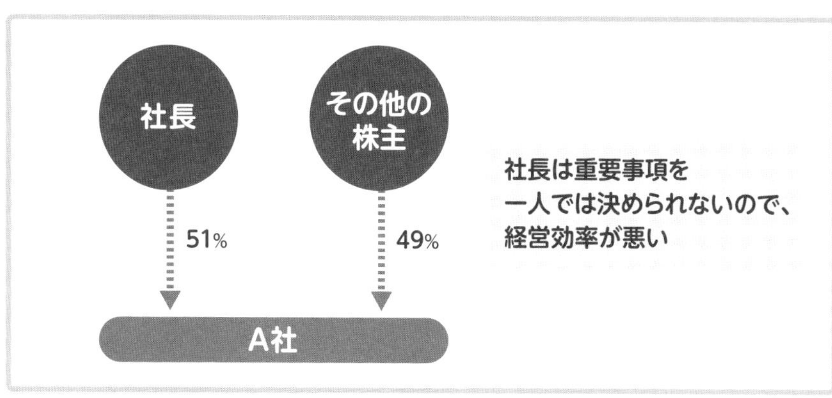
社長
その他の株主
51%
49%
A社
社長は重要事項を
一人では決められないので、
経営効率が悪い

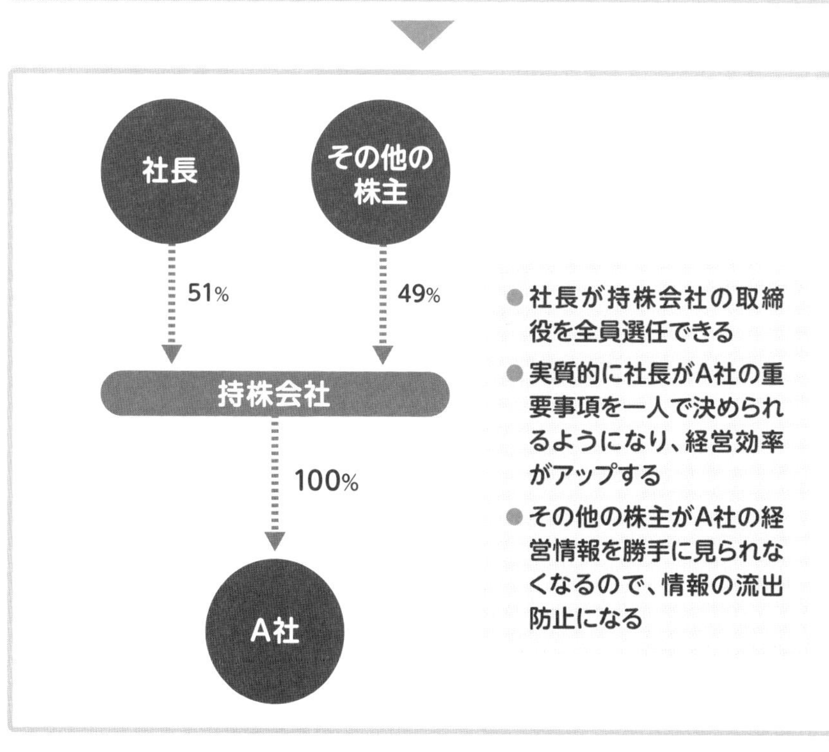
社長
その他の株主
51%
49%
持株会社
100%
A社
●社長が持株会社の取締役を全員選任できる
●実質的に社長がA社の重要事項を一人で決められるようになり、経営効率がアップする
●その他の株主がA社の経営情報を勝手に見られなくなるので、情報の流出防止になる

11 グループ会社の資本戦略①

◉親族経営の企業グループにはリスクがある

世の中には、物品の製造会社や地域ごとの販売会社などのグループ会社の株式を、社長の親族が直接個人で保有している企業がたくさんあります。

たとえば、社長がA社、社長の兄がB社、社長の弟がC社、社長の奥さんがD社、社長の長男がE社の社長を務めているようなケースです。

このようなグループ会社の場合、各社の株式を社長が一人ですべて保有しているケースは少なく、社長の親族が少しずつ分担しているケースがほとんどです。

ところが、このような企業グループには、実は次のような6つのリスクが潜んでいるのです。

◉グループ会社に潜む6つのリスク

①創業者が元気なうちは創業者個人の力でグループの一体運営が可能となり、問題は生じません。しかし、代替わり後は一般的に後継者のカリスマ性の欠如や実績不足から、各親族の経営方針が異なってきた場合、グループ会社として一体運営が困難になり、グループ全体が弱体化し、崩壊するリスクがあります。

②各社で株主総会を開催し、取締役選任等の手続きを行う必要があり、非効率かつ手続きが分散します。

③社長親族の持株が相続を通じて分散し、決算書等の内部情報が外部に流出するリスクもあります。

④後継者直系グループ以外の親族でも、株主の立場から各社の経営に口出しが可能です。さらに、株主総会議事録、取締役会議事録、会計帳簿の内部情報を比較的容易に得ることができます。

⑤社長直系グループ以外の親族から、持株の買取を要求をされるリスクがあります。

⑥後継者の自社株承継による相続税負担が増大するリスクがあります。

創業社長が元気なうちは、これらのリスクが表面化することは少ないですが、危険なのは代替わりしたときです。一気にリスクが表面化する可能性があります。このようなリスクを回避するためにはどうすればいいのかについては、次項で説明します。

親族経営の企業グループの前提条件

前提条件

- 物品の製造会社、地域販社等のグループ会社
- 各社の株式を社長の親族が直接個人で保有
- 株主構成は社長、後継者、社長の親族が占めている
- 各社の代表は、社長の親族が分担している

事例 現状の資本関係

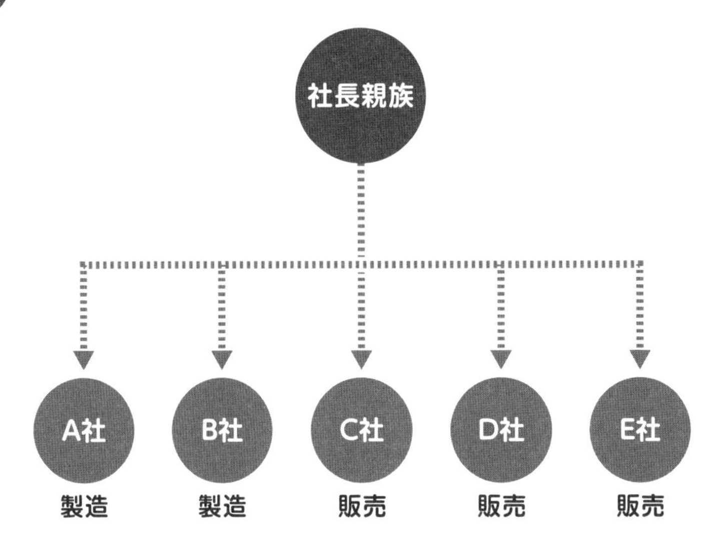

12 グループ会社の資本戦略②

◉リスク回避のステップ

前項の6つのリスクを回避するには、次のステップで対策を講じていきます。

①共同株式移転の方法で株式を移転し、統括会社を新規設立。1社（E社）を残し、各社をその100％子会社にします。一定の要件を満たせば、非課税でかつ子会社の株式を簿価で、資金負担なく統括会社に移転することができます。

②子会社化しない会社（E社）の株主構成を後継者中心に変更し、親族が保有する統括会社の株式の買取ができる会社とします。

◉統括会社にするメリット

このような対策を講じることにより、グループ会社にはいくつものメリットが生じます。

①後継者は、統括会社の経営権の確保と安定化により、グループの経営方針を定め、統一的に各子会社に指示を出せるようになる。

②後継者が株主である会社（E社）は、統括会社の株式を買取ることができるため、後継者の持株比率の低下を防止できる。

③統括会社が一定の要件を満たす場合、株価が大きく低下する可能性があり、自社株承継や親族持株整理のコスト低減が図れる。

④株主総会は、親会社である統括会社では開催する必要があるが、各子会社の株主総会では書面決議が可能となり、実際に開催する必要がなくなる。

⑤統括会社の株主は裁判所の許可がないと、勝手に子会社の株主総会議事録、取締役会議事録、会計帳簿の閲覧ができなくなる。

⑥子会社同士の製造部門等の合併、地域販社の分割等の組織再編の手続きが簡単になる。

⑦統括会社は、各子会社から非課税で配当の形で資金を吸い上げることができるため、一括して有利でかつ効率的な資金管理が可能となる。

グループ会社のリスク回避

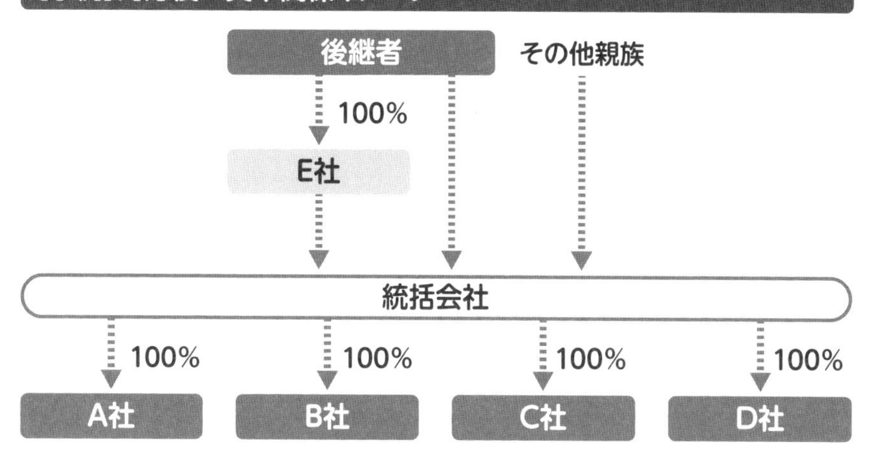

統括会社の5つの業務

①グループ全体の方針や計画を策定しフォローする
②子会社から総務・経理業務を受託し、事務の効率化を図る
③各社の資金調達の窓口を一本化し、効率的な資金管理を行う
④各社の不動産を統括会社に移転する等により、効率的な管理を行う
⑤原材料等の調達窓口の一本化により、有利な条件での調達を図る

13 1株だけ残して経営権を維持する方法

◉1株だけ残し社長に過半数や3分の2の議決権付与

後継者に自社株を承継したいけれど、会社に対する経営権は維持しておきたいという社長には、1株だけ手元に残しておけば、残りをすべて後継者に移動しても、支配権を維持できる方法が2つあります。

1つ目は、**1株を持つ社長に、過半数や3分の2の議決権を与える**という方法です。

株主は平等に権利を有するものですが、譲渡制限会社（非公開会社）の場合は「配当」「残余財産」「議決権」の3項目については平等でなくてもよいことになりました（**属人的株式**）。これによって社長の持株を1株残し、残りをすべて後継者に移動しても、議決権は過半数を維持する、または3分の2を維持するといった設計が可能になったのです。

これを行うには特殊決議といって、総株主の半数以上の賛成、かつ議決権の4分の3以上の賛成で定款を変更する必要がありますが、登記は不要です。

2つ目は、**手元に残した1株を、拒否権付種類株式にする**方法です。

拒否権は、株主総会決議事項と取締役会決議事項が対象で、すべての事項を対象にしてもいいですし、特定の項目だけを対象にすることもできます。ただし、あくまで拒否なので、自ら決めることはできません。

なお、普通株式を種類株式に転換するには株主全員の同意が必要で、定款の変更と登記もしなければなりません。ただし、第三者割当増資により、新たに発行する場合は、株主全員の同意は不要です。

拒否権付種類株式は、株式に権利が付与されたものなので、その株式が誰に持たれるかにより、大変なリスクを負うこともあります。

これに対して1つ目の方法は、株主に権利を付与する属人的なものなので、株主が死亡した場合は付与された権利も自動的に消滅することになります。したがって、事後のリスクはないので安心といえるでしょう。

1株だけを手元に残して後継者に承継する方法

①1株残し、社長に過半数や3分の2の議決権を与える

- 譲渡制限会社(非公開会社)の場合は、「配当」「残余財産」「議決権」の3項目については平等でなくてもよい(属人的株主)
- 社長の持株を1株だけ残し、過半数または3分の2の議決権を与えるといった設計が可能
- 株主総会の特殊決議が必要(総株主の半数以上の賛成、かつ議決権の4分の3以上の賛成が必要)
- この権利は属人的なものなので、株主が死亡した場合は付与された権利も自動的に消滅する
- 定款を変更する必要があるが、登記は不要

②手元に残した1株を拒否権付種類株式にする

- 株主総会の決議事項と取締役会の決議事項に対して拒否権を発動することができる
- 種類株式に転換するには株主全員の同意が必要
- 定款を変更し、登記する必要あり
- ただし、第三者割当増資で新株を発行する場合は、株主全員の同意は不要
- 拒否権付種類株式は株式に権利が付与されたものなので、その株式が誰の手に渡っても権利は引き継がれる

14 信託の活用で経営権を残し、財産権のみ承継する

◉信託なら議決権と財産権を分離できる

世の中には自社株の評価額が低いうちに、後継者である息子に自社株を移転しておきたいと考える社長がたくさんいます。ただし、そのときにネックになるのが経営権の問題です。つまり、息子に株を全部渡してしまったら、社長自身の議決権（会社に対する影響力）もなくなってしまうため、二の足を踏む社長が多いのです。しかし、このような社長の悩みを解決してくれる方法があります。それが**信託**という制度です。

信託とは、「委託者（財産を預ける人）」と「受託者（財産の管理を任される人）」と「受益者（預けられた財産から生じる利益を享受する人）」の三者による契約行為（左ページ①参照）なのですが、この制度の最大のメリットは、株式の持つ2つの権利、すなわち「議決権」と「財産権（配当などを受け取る権利）」を分離することができることです。つまり、株式の名義を受託者に移し、受託者が議決権を行使し、財産権は受益者に渡すということができるわけです。

◉自分で自分に委託する「自己信託」が可能に

さらに、信託法の大改正により、民事信託として自由な設計ができるようになり、「**自己信託**」が可能になりました。自己信託とは、委託者と受託者が同一の場合のことで、自分で自分に委託することができるようになったのです（左ページ②参照）。

この自己信託を使うと、社長が議決権を持ったまま（株の名義もそのまま）、財産権だけを後継者である息子に渡すことが可能になります。つまり、社長は会社に対する影響力を保持したまま、自社株を息子に移転することができるというわけです。

なお、信託を活用した場合の贈与税は、経済的利益を受ける「受益者」に課税されることになります。

社長が死亡した場合は信託契約が終了し、自社株名義は後継者に移りますが、議決権の評価は「0」ですし、課税は財産権の移転時に終わっていますので、新たに相続税が発生することはありません。

信託を活用して財産権のみ承継する方法

商事信託	一般のお客様を対象に業として行うため、信託銀行のように許認可を要し、できることは限定されている。
民事信託	業として行わないため、許認可が不要で、自由な設計が可能。

①信託

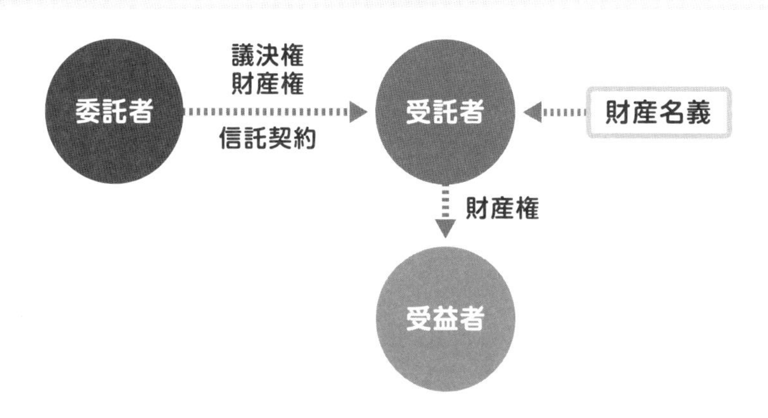

②自己信託

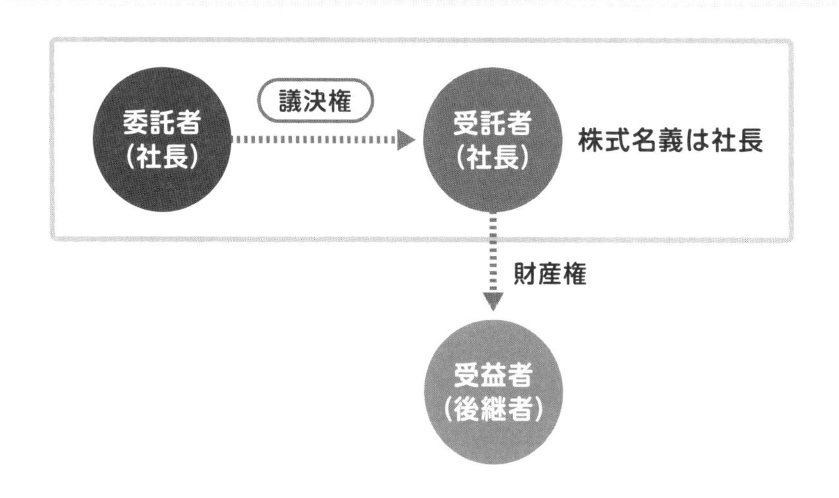

15 定款で取締役解任の条件を厳しくしておく

◉以前に比べて取締役の解任条件が緩和されている

旧商法では、株式会社はいつでも株主総会の特別決議（議決権数の3分の2以上）をもって取締役を解任することができるとされていました。

ところが、新会社法では、この条件が緩和され、株主総会の普通決議（過半数）で取締役の解任ができることになりました。

したがって、後継者の持株比率が50％未満の場合は、解任される危険性があるということですので、後継者には50％超の自社株を移転したいところです。

しかし、そもそも社長の持株比率が50％を下回っている場合は経営権がないため、後継者に社長が保有しているすべての自社株を渡したとしても、後継者は解任のリスクを抱えたまま会社の経営をしていかなければならないということになるのです。

◉定款を変更し、取締役の解任条件を厳しくしておく

では、このような場合、後継者が簡単に取締役を解任されないようにするためには、どうすればいいのでしょうか？

基本は社長の持株比率を引き上げておくことです。しかし、それができない場合は、社長が元気なうちに定款を変更して、取締役解任条件を株主総会普通決議から特別決議に変更し、さらに株主総会の定足数が3分の1になっている場合には過半数に上げておくことです。

そうすれば、後継者の持株比率が50％を切っていた場合でも、後継者の持株比率が3分の1を超えていれば、特別決議を単独で否認できるので解任を免れることができます。

ただし、取締役の任期が満了した時点で、取締役に選任される保証はありません。

しかし、時間稼ぎができますので、その間に後継社長として実績を上げ、役員から認められるようになっておけば、再び取締役に選任される可能性は高くなるといえるでしょう。

取締役の解任条件が緩和された法改正

旧 商 法 株主総会の特別決議(議決権数の3分の2以上)

新会社法 株主総会の普通決議(議決権数の過半数)

後継者が簡単に取締役を解任されないために

①基本は社長の持株比率を過半数以上に引き上げておく

②定款を以下のように変更する

- 取締役解任条件を株主総会の普通決議から特別決議に
- 株主総会の定足数が3分の1の場合は過半数に

後継者の持株比率が3分の1を超えていれば、特別決議を単独で否認できるので解任を免れることができる。

ただし、取締役の任期が満了した時点で、取締役に選任される保証はないが、実績を上げておけば、取締役に再任される可能性が高くなる。

COLUMN 5

後継者の資金負担ゼロで自社株を移せる

オーナー社長からよく聞くのは、後継者に現金がないので、毎年持株を積極的に後継者へ贈与したいが､贈与税負担が大きいので難しいということです。逆に､後継者が２億円の借金をして社長から持株を個人で買取ったのはいいが、元金の返済や利息の支払いに追われ、役員報酬を増やしても税金ばかり取られて困っているというケースもあります。

後継者の資金負担をゼロにするためには、５章でもお伝えしたように、まず後継者が支配権を有する持株会社（原材料を仕入れる会社など）を設立することです。

生前贈与の場合には、持株会社が借入し、後継者から贈与を受けた持株の一部を買取ります。後継者は、その売却代金から税金を差し引いた残りで贈与税を支払います。

後継者個人が社長から持株を買取る場合には、いったん後継者が会社から借入し、社長から持株を買取ります。その後適当な時期に、後継者は持株の一部を持株会社に売却し、その売却代金で会社からの借入返済を行います。

最後に、持株会社が借入し、直接、社長から持株を買取ります。

ここでのポイントは、個人間贈与・売買に適用する株価は相続税法上の安い株価ですが、持株会社への売却に適用する株価は法人税法上の高い株価となりますので、すべての株式を売却する必要はないということです。

また、持株会社は後継者が支配権を有していますので、実質的に後継者の持株比率は下がらないというのもメリットのひとつです。

6章

知ってトクする相続税・贈与税の納税猶予制度

1 相続税・贈与税の納税猶予制度がある

2 相続税の納税猶予の適用要件

3 贈与税の納税猶予の適用要件

4 特例納税猶予制度のポイント

5 猶予税額の納付確定と納税免除のケース

6 納税猶予制度のメリット・デメリット

7 納税猶予制度を利用する上での事前対策

8 安易に納税猶予制度を活用してはいけない

1 相続税・贈与税の納税猶予制度がある

◉納税猶予により事業承継時の納税負担を軽減

事業承継に係るコストとして相続税・贈与税の支払いが会社の資金繰りに影響がない場合には問題ないのですが、納税負担が経営に多大な影響を及ぼすような場合には、会社の生き残りをかけて、納税猶予制度の活用を検討する必要があります。自社株の相続および贈与時にかかる多額の税金負担軽減のため、すでに納税猶予制度が設けられていましたが、2018年に期間限定で新たに「**非上場株式等の相続税・贈与税の納税猶予及び免除の特例**」が制定されました。

これは、後継者が非上場会社の株式等をオーナー(先代経営者)から令和9年12月31日までに相続または贈与により取得した場合、一定の条件を満たすことによって、税金(相続税・贈与税)の納税が後継者の死亡の日等まで100%猶予(先延ばし)される制度です。

ただし、後継者が特例承継期間(相続税・贈与税の申告期限後5年間)に代表者を退任するなど、一定の事由によって適用要件を満たさなくなった場合は認定を取り消され、納税が猶予されていた相続税・贈与税および猶予期間に対応する利子税(利息)を納付しなければならなくなります。

この制度はあくまで「猶予」であって「免除」を前提とした制度ではありません。ただし、一定の事由の発生により、猶予された納税額が免除・減免される場合もあります(本章5項参照)。

◉税制改正でより使いやすい制度に!

しかし、2018年度の税制改正で、この納税猶予制度に2027年末までの10年間限定の特例制度が創設され、抜本的に拡充されたことで、利用しやすいものになったのです(変更点は本章4項を参照)。

具体的には、2つのパターンがあります。

①贈与税の納税猶予の後、相続時に贈与税が免除され、相続税の納税猶予に乗り換える

②当初から相続税の納税猶予を受ける

事業承継税制の特例制度の適用を受けるための手続き

①特例承継計画の作成

後継者や承継時までの経営見通し、承継後5年間の事業計画等を記載した「特例承継計画」を作成する。

②特例承継計画を都道府県に提出

2024年3月31日までの間に、特例承継計画を都道府県に提出する（確認申請）。

③経営承継円滑化法の認定申請

贈与・相続後、経営承継円滑化法の認定申請を行う。
（申請期限）相続税→相続開始日の翌日から8カ月を経過する日
　　　　　　贈与税→贈与日の翌年の1月15日

④贈与税・相続税の申告

2027年12月31日までの贈与・相続が対象で、贈与税・相続税の申告期限までに、納税猶予税額および利子税の額に見合う担保（納税猶予の対象となる非上場株式等）を税務署に提供するとともに、贈与税・相続税の申告を行う（認定書等の添付が必要）。
（申告期限）相続税→相続開始日の翌日から10カ月を経過する日
　　　　　　贈与税→贈与日の翌年の3月15日

⑤継続届出書と年次報告書の提出

特例承継期間中（④の申告期限後5年間）は、毎年1回、税務署長への届出（継続届出書の提出）と、都道府県知事への報告（年次報告書の提出）が必要となる。5年経過後は3年ごとに1回、税務署長への届出が必要。

2 相続税の納税猶予の適用要件

◉資産管理会社や風俗営業会社は原則対象外

「相続税」の納税猶予制度の適用を受けるには、次の4つの分野の要件を満たす必要があります。

①特例認定承継会社の主な要件

・経営承継円滑化法上の中小企業者で、上場会社、一定の資産管理会社、風俗営業会社ではないこと（左ページ表参照）

・2024年3月31日までに、特例承継計画を都道府県に提出した会社で、経営承継円滑化法の認定を受けた2027年12月31日までの相続であること

②オーナー（先代経営者／被相続人）の主な要件

・会社の代表者であったこと

・相続開始の直前において同族関係者（親族等）と合わせて総議決権数の50％超の議決権数を保有し、かつ後継者を除いた同族関係者の中で最も多くの議決権数を保有していたこと

◉後継者は被相続人の親族でなくてもOK

③後継者（相続人）の主な要件

・相続開始の翌日から5カ月を経過する日において、会社の代表者であること。被相続人の親族である必要はない

・相続開始の直前において、会社の役員であること（被相続人が70歳未満で死亡した場合を除く）

・相続開始時において、同族関係者（親族等）と合わせて総議決権数の50％超の議決権を保有し、その同族関係者で特例承継計画に後継者として記載された者（複数可能）のうち、単独で総議決権数の10％以上を有する上位3名までの者

④担保提供

・相続税及び利子税に見合う担保として、対象株式等を税務署に提供する

⑤納税猶予を継続するために相続税の申告期限から5年間（経営承継期間）を満たす必要のある主な要件

・後継者が引き続き、会社の代表者であること

・猶予対象株式等を継続保有していること

・従業員雇用が相続開始時の80％以上を維持すること

経営承継円滑化法上の中小企業者

業種	資本金の額・出資の総額	または 常時使用する従業員の数
製造業、建設業、運輸業、その他	3億円以下	300人以下
ゴム製品製造業(タイヤ、チェーン等は除く)	3億円以下	900人以下
ソフトウェア業または情報処理サービス業	3億円以下	300人以下
卸売業	1億円以下	100人以下
サービス業	5千万円以下	100人以下
旅館業	5千万円以下	200人以下
小売業	5千万円以下	50人以下

対象となる企業の種類

株式会社　有限会社　合名会社　合資会社　合同会社

一定の資産管理会社とは?

有価証券、賃貸用不動産、現金等の特定の資産の保有割合が帳簿価額の総額の70%以上の会社(資産保有型会社)や、これらの資産からの運用収入が総収入金額の75%以上の会社(資産運用型会社)などの一定の会社。
ただし、資産運用型会社の判定は事業年度の収入金額の合計で判定されるが、資産保有型会社については日々の資産内容によって判定される。

資産管理会社でも納税猶予される場合の4つの条件

①3年以上、事業を継続している
②固定施設を所有または賃借している
③常時雇用の従業員が5人以上いる
④自ら営業行為を行っている

風俗営業会社とは?

風俗営業会社とは、「風俗営業等の規制及び業務の適正化等に関する法律(風営法)」第2条第5項に規定する性風俗関連特殊営業(ソープランド、テレクラなど)を営む会社のこと。なお、バー、パチンコ、ゲームセンターなどは規制対象事業だが、性風俗関連特殊営業ではないため納税猶予の適用を受けることができる。

3 贈与税の納税猶予の適用要件

◉贈与前に社長を辞める必要あり

「特例認定承継会社の主な要件」と、「納税猶予を継続するために猶予開始から5年間満たす必要のある主な要件」については、前項の相続税と同様です。

①オーナー（先代経営者／贈与者）の主な要件

・会社の代表者であったこと
・贈与時において会社の代表権を有していないこと（ただし、有給役員として残留可能）
・贈与の直前において同族関係者（親族等）と合わせて総議決権数の50％超の議決権数を保有し、かつ後継者を除いた同族関係者の中で最も多くの議決権数を保有していたこと
・保有株式等を後継者の議決権数が3分の2以上になるように一括で贈与したこと

以上がオーナーの要件ですが、ポイントは「**贈与時に会社の代表権を有していないこと**」と「**大概の場合、株式のほとんどを贈与しなければいけないこと**」です。

②後継者（受贈者）の主な要件

・贈与日において、代表者であること（贈与者の親族である必要はない）
・贈与日において、18歳以上、かつ役員就任から3年以上経過していること
・贈与日において、同族関係者（親族等）と合わせて総議決権数の50％超の議決権数を保有し、その同族関係者で特例承継計画に後継者として記載された者（複数可能）のうち、単独で総議決権数の10％以上を有する上位3名までの者

③担保提供

・相続税及び利子税に見合う担保として、対象株式等を税務署に提供する

④経営承継期間

・贈与税の申告期限から5年間の要件は、相続税の猶予と同じ

◉オーナー死亡により相続税の納税猶予に切り替える

なお、贈与税の納税猶予オーナーが死亡した場合は、相続税の納税猶予に切り替えます（左ページ参照）。

料金受取人払郵便

神田局
承認
7635

差出有効期間
2024年４月30
日まで

郵便はがき

１０１-８７９６

５１１

（受取人）
東京都千代田区
神田神保町１－41

同文舘出版株式会社
愛読者係行

毎度ご愛読をいただき厚く御礼申し上げます。お客様より収集させていただいた個人情
は、出版企画の参考にさせていただきます。厳重に管理し、お客様の承諾を得た範囲を
えて使用いたしません。メールにて新刊案内ご希望の方は、Ｅメールをご記入のうえ
「メール配信希望」の「有」に○印を付けて下さい。

図書目録希望	有	無	メール配信希望	有	

フリガナ お名前		性　別 男・女	年
ご住所	〒 TEL　（　　）　Ｅメール		
ご職業	1.会社員　2.団体職員　3.公務員　4.自営　5.自由業　6.教師　7. 8.主婦　9.その他（　　）		
勤務先分類	1.建設　2.製造　3.小売　4.銀行・各種金融　5.証券　6.保険　7.不動産　8.運輸 9.情報・通信　10.サービス　11.官公庁　12.農林水産　13.その他（		
職　種	1.労務　2.人事　3.庶務　4.秘書　5.経理　6.調査　7.企画　8. 9.生産管理　10.製造　11.宣伝　12.営業販売　13.その他（		

愛読者カード

書名

お買上げいただいた日　　　　　年　　　月　　　日頃
お買上げいただいた書店名　（　　　　　　　　　　　　　　）
よく読まれる新聞・雑誌　　（　　　　　　　　　　　　　　）
本書をなにでお知りになりましたか。
1．新聞・雑誌の広告・書評で　（紙・誌名　　　　　　　　）
2．書店で見て　3．会社・学校のテキスト　4．人のすすめで
5．図書目録を見て　6．その他（　　　　　　　　　　　　）

本書に対するご意見

ご感想

内容	良い	普通	不満	その他（　　　　）
価格	安い	普通	高い	その他（　　　　）
装丁	良い	普通	悪い	その他（　　　　）

どんなテーマの出版をご希望ですか

籍のご注文について>
小社にご注文の方はお電話にてお申し込みください。宅急便の代金着払いに
送いたします。1回のお買い上げ金額が税込2,500円未満の場合は送料は税込
、税込2,500円以上の場合は送料無料。送料のほかに1回のご注文につき
の代引手数料がかかります。商品到着時に宅配業者へお支払いください。
館出版　営業部　TEL：03－3294－1801

「贈与税」から「相続税」への納税猶予の切り替え

株式の贈与

贈与税の納税猶予の適用

オーナーの死亡により相続が発生
①贈与税の猶予税額の免除 & ②相続税の課税

相続税の納税猶予の適用

①贈与税の納税猶予の適用を受けている間にオーナーが死亡した場合は、贈与税の猶予税額は免除される。

②贈与税が猶予されていた贈与対象株式等については、オーナーから後継者に相続があったものとみなして、贈与時の評価額で相続税が課税される。

③上記の相続税(課税価格の全額)について、一定の要件を満たす場合、相続税の納税猶予の適用を受けることができる。

社長持株の一括贈与の事例(後継者の持株比率2/3以上にする)

贈与前

社長	1,000株(100%)

贈与後

	ケース①	ケース②
社長	33株(33%)	0株
後継者	667株(67%)	1,000株

ケース①　33株は相続時に相続税の猶予が受けられる。
ケース②　1,000株すべて、贈与税の猶予が受けられる。

(注)複数後継者の場合、将来、高値での買取請求リスクがある。

4 特例納税猶予制度のポイント

◉承継時の納税資金負担がゼロに!

ここで改めて平成30年度の税制改正によって、事業承継税制がどのように拡大・拡充されたのか、まとめておきましょう。主なポイントは次の6つです。

①納税猶予の対象となる株式

改正前は「発行済株式数の3分の2まで」だったのが、「発行済株式数の全株」に緩和されました。

②納税猶予の対象となる税額

改正前は「相続税は税額の8割、贈与税は税額の全額」だったのが、「相続税・贈与税ともに税額の全額」に緩和されました。これにより、承継時の納税資金負担がゼロになりました。

③運用対象者

改正前は「1人の先代経営者から1人の後継者へ」というパターンだけだったのが、「複数の株主から複数の後継者(最大3人)へ」と「複数の者(先代経営者と代表者以外の者〈親族以外も可〉)から複数の後継者へ」というパターンも認められるようになりました。

◉解散・譲渡等の場合、納税額の減免が可能に!

④納税猶予の継続要件

改正前は「申告期限後5年間の平均で雇用を8割維持」しなければ適用が打ち切りになっていたのが、8割を下回った場合でも、要件を満たせない理由を記載した書類を都道府県に提出し、確認を受ければ、納税猶予は継続されることになりました。

⑤5年間の経営承継期間経過後における経営環境変化に応じた株価下落時の解散・譲渡等の際の納税

改正前は「猶予取消しとなった際は贈与・相続時の株価を基に算定された贈与税・相続税の納付が必要」でしたが、「一定の要件に該当する場合は、納税額の再計算および減免」が可能になりました(詳細は左ページ参照)。

⑥相続時精算課税制度の適用範囲

改正前は「贈与者は60歳以上の父母または祖父母。受贈者は18歳以上の子または孫」だったのが、「親族外の後継者」にも適用可能になりました。

株価下落時の解散・譲渡等の際の納税

5年間の経営承継期間(※1)経過後における経営環境変化に応じた株価下落時の解散・譲渡等(※2)の際の納税

改正後

一定の要件に該当する経営環境の変化があったことによる解散・譲渡等の場合で、次のAがBを下回るときは、その差額が免除される。

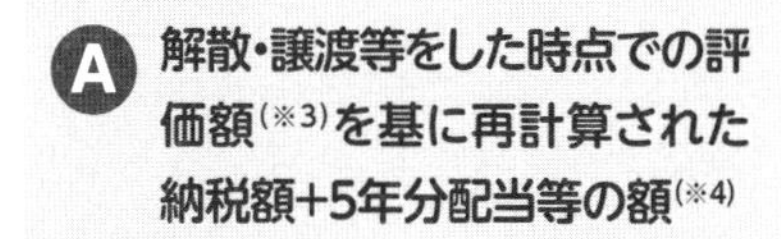

B 当初の納税猶予額(事業承継時の株価を基に計算された納税額)

要件

①過去3年間のうち、2年以上が赤字である場合

②過去3年間のうち、2年以上会社の売上高がその年の前年の売上高と比べて減少している場合

③直前の事業年度終了の日における有利子負債の額がその直前事業年度の売上高の6カ月分以上である場合

④会社の事業が属する業種に係る上場会社の平均株価(直前事業年度終了の日以前1年間の平均)がその前年1年間の平均より下落している場合

⑤特例後継者が会社の経営を継続しない特段の理由がある場合(譲渡・合併のみ)

※1 相続税、贈与税の申告期限から5年間
※2 解散(自主廃業)、合併による消滅、株式譲渡(M&Aによる株式の売却)等
※3 解散時の相続税評価額 or 譲渡の売却額または合併の対価額
相続税評価額の50%の金額が下限となる。ただし、実際の売却価額等が50%未満の場合、いったん50%分までが免除される。2年後、譲渡した事業が継続され、かつ雇用が半数以上維持されている場合には、残額が免除となる。
※4 過去5年間に特例後継者およびその同族関係者に支払われた配当および過大役員給与

5 猶予税額の納付確定と納税免除のケース

◉猶予税額の納付が確定するケース

相続税・贈与税の納税猶予制度の趣旨は、あくまで「猶予」であって、「免除」ではないということは、すでに述べた通りです。

したがって、いつかは猶予が解除され、相続税・贈与税の納付が確定し、利子税を加えた金額を支払うことになります。

たとえば、次のような場合です（詳細は左ページ参照）。

- **後継者が退任することになった場合**
- **後継者および同族関係者の有する議決権数が50％以下となった場合**
- **株式の上場があった場合**
- **後継者の代表権・議決権が制限された場合**
- **減資（資本金・準備金の減少）を行った場合**
- **一定の会社分割があった場合**
- **後継者が株式の譲渡、贈与をした場合**
- **会社を解散した場合**
- **年次報告書や継続届出書を未提出または虚偽の報告等をしていた場合**

このような場合は、該当することになった日から2カ月を経過する日までに、猶予されていた贈与税・相続税の全部または一部と利子税を納付しなければいけないことになっています。

◉猶予税額の納税が免除されるケース

その一方で、一定の場合には、猶予されていた相続税・贈与税の全部または一部の納税が免除されるケースもあります。

たとえば、次のような場合です。

- **納税猶予を受けていた後継者（相続人）本人が死亡した場合**
- **破産手続開始の決定または特別清算開始の命令があった場合（5年経過後のみ）**
- **対象株式等の時価が猶予税額を下回り、かつ同族関係者以外の者への株式等の全額譲渡、合併等があった場合（5年経過後のみ）**

猶予税額の納付が確定する主なケース

猶予税額の納付が確定するケース [納付者:後継者]	納付確定額	
	経営承継期間内 [5年間]	経営承継期間後 [5年経過後]
後継者が代表権を有しないこととなった場合	全額	—
後継者及び同族関係者の有する議決権数が50%以下となった場合	全額	—
後継者が筆頭株主(同族関係者内で10%以上の議決権を有する上位3位以内)でなくなった場合	全額	—
株式の上場があった場合	全額	—
後継者以外の者が黄金株を保有した場合	全額	—
後継者の代表権・議決権が制限された場合	全額	—
資産管理会社に該当することとなった場合	全額	全額
減資(資本金・準備金の減少)をした場合	全額	全額
会社の事業収入(売上)が0となった場合	全額	全額
合併、株式交換・移転、会社分割、組織変更で一定の要件を満たさない場合	全額	対応部分
後継者が株式の譲渡、贈与をした場合	全額	対応部分
会社を解散した場合	全額	全額
年次報告書や継続届出書を未提出または虚偽の報告等をしていた場合等	全額	全額

猶予税額の納税が免除されるケース

猶予税額の納税が免除されるケース [免除対象者:後継者]	対象	免除される猶予税額
先代経営者(贈与者)が死亡した場合 ※贈与税の免除→相続税の課税→相続税の納税猶予	贈与税	全額
先代経営者の死亡前に後継者(受贈者)が死亡した場合	贈与税	全額
納税猶予を受けた後継者(相続人)本人が死亡した場合	相続税	全額
後継者(猶予対象者)が次の後継者(三代目)へ猶予対象株式等を一定以上贈与し、その後継者(三代目)が納税猶予の認定を受けた場合[5年経過後のみ]	贈与税 相続税	全額
破産手続開始の決定または特別清算開始の命令があった場合[5年経過後のみ]	贈与税 相続税	全額
対象株式等の時価が猶予税額を下回り、かつ同族関係者以外の者への株式等の全部譲渡、合併等があった場合[5年経過後のみ]	贈与税 相続税	譲渡対価等を超える一定の額
民事再生等による再生計画の認可決定等に基づき財産価額の評定があった場合[5年経過後のみ]	贈与税 相続税	当初猶予税額と再計算後猶予税額との差額

6 納税猶予制度のメリット・デメリット

◉一番のメリットは納税資金負担がゼロになること

相続税・贈与税の納税猶予制度には一長一短があります。そこで、あらためてこの制度のメリットとデメリットをまとめておきたいと思います。

まずメリットですが、主に次の4つでしょう。

①要件を満たせば、事業承継に伴って発生した贈与税・相続税の全額が猶予されるため、**事業承継時の後継者の納税資金負担が事実上ゼロになる**。

②M&A等による株式譲渡や合併による消滅、解散等によって納税猶予が取り消された場合でも、**納税の減免措置がある**。

③贈与税の納税猶予については、相続時精算課税制度との併用が可能。併用することで、**納税猶予が取り消された場合でも、納税額の負担が軽減されること**。具体的には、暦年課税によって計算される贈与税額ではなく、相続時精算課税制度による特別控除2500万円を超える金額に対して税率20％で計算された贈与税額の納付となる。

④特例制度の適用期間が2027年まで続くため、**今から準備を始めても間に合う可能性が高い**（後継者の要件となる役員就任期間は3年以上）。ただし、後継者の経営力の育成については後継者の能力による。

一方、デメリットとしては、主に次の2つが考えられます。

①オーナーは贈与時までに社長を退任する必要があるため、**経営に口出しできなくなる**。

②納税猶予の取消しが行われると、**利子税を払わなければならなくなる**。

◉制度の利用について十分な検討が必要なケース

オーナーが社長を辞めたくない場合や、オーナーが自社株を現金化したいと考えている場合、後継者の経営力に不安がある場合、後継者不在で早い段階でのM&Aを検討している場合、株式が分散し同族関係者で議決権の過半数を保有していない場合などは、この制度の利用について十分な検討が必要でしょう。

納税猶予制度のメリット

①事業承継時の後継者の納税資金負担が事実上ゼロになる
②納税猶予が取り消された場合でも、納税の減免措置がある
③相続時精算課税制度との併用が可能であり、併用することで、納税猶予が取り消された場合でも、納税額の負担が軽減される
④特例制度の適用期間が2027年まで続くため、今から準備を始めても間に合う可能性が高い

納税猶予制度のデメリット

①オーナーは贈与時までに社長を退任する必要がある
②取消しが行われると、利子税を払う必要が生じる

制度利用について十分な検討が必要なケース

- オーナーが社長を辞めたくない場合
- オーナーが自社株の多くを現金化したいと考えている場合
- 後継者の経営力に不安がある場合
- 後継者不在で早い段階でのM&Aを検討している場合
- 株式が分散し同族関係者で議決権の過半数を保有していない場合

7 納税猶予制度を利用する上での事前対策

◉後継者の育成が先

2018年度の税制改正によって、納税猶予制度は利用しやすいものとなりました。しかし、十分な準備や対策をしないままこの制度を利用すると、後継者の将来的な納税負担は軽減されない可能性もあります。

では、どのような準備と対策が必要なのでしょうか。それは主に次の3つです。

1つ目は、**後継者の育成**です。

後継者の経営力が十分ではないのに、納税資金負担が事実上ゼロになるからという理由で、株式の贈与を急いでしまうと、会社の経営基盤を揺るがしかねず、事業承継そのものが失敗してしまう恐れもあります。これでは本末転倒ですので、十分注意するようにしましょう。

◉自社株対策と遺留分対策も必要

2つ目は、**自社株対策**です。

株価が高い状態で贈与・相続が行われた場合は、認定取消しの際の納税負担が大きくなるリスクがあります。

また、相続時の株価が高いと、後継者以外の相続人に課される相続税の負担が大きくなる（超過累進税率が引き上げられる）リスクもあります。

その理由は、後継者以外の相続人の納税額は、自身が相続した財産だけでなく、後継者が納税猶予の適用を受けて取得した株式の評価総額を含めて算出されるからです。したがって、納税が猶予されるとはいえ、株価が低いときに贈与・相続したほうがいいのです。

3つ目は、**遺留分対策**です。

財産価値が株式に集中している状況で贈与・相続が行われた場合は、すべての相続人に対して公平な財産承継ができなくなるリスクがあります。

そうなると、遺留分の問題が顕在化し、後継者以外の相続人から遺留分の侵害額請求を受ける可能性があります。

したがって、後継者以外の相続人に対する遺留分対策は十分に行っておく必要があるでしょう。

納税猶予制度を利用するにあたっての3つの対策

①後継者育成

- 後継者の経営力が十分ではない状態で事業承継をしてしまうと、会社の経営基盤を揺るがしかねず、事業承継そのものが失敗してしまう恐れがある。

②自社株対策

- 株価が高い状態で贈与・相続が行われた場合は、認定取消しの際の納税負担が大きくなるリスクがある。
- 相続時の株価が高いと、後継者以外の相続人に課される相続税の負担が大きくなる（超過累進税率が引き上げられる）リスクもある。

③遺留分対策

- 財産価値が株式に集中している状況で贈与・相続が行われた場合は、後継者はほとんど無税で大半の財産を承継するのに対し、その他の相続人は相続税を負担して少額の財産を承継することになる。そのため、不公平感が増して遺留分の問題が顕在化するリスクがある。
- 自社株を換金するなどして、株式以外の相続財産割合を増やしておくなど、総合的な対策が必要。

8 安易に納税猶予制度を活用してはいけない

◉納税猶予制度を使わなくても方法はある

納税猶予制度を活用する場合は、社長を辞めて引退しなければならないことは、すでに述べた通りです。

しかし、世の中には「自社株は早期に承継したいけれども、社長は辞めたくない」という元気な社長もたくさんいます。そういう社長に対して、私が声を大にして言いたいのは、「安易に納税猶予制度を使うべきではない」ということです。

なぜなら、納税猶予制度を使わなくても、

①社長を辞めることなく

②社長の経営権を保持したまま（属人的株式）

③自社株を後継者に承継し（1株だけ残す）

④退職金に相当するキャッシュを受け取る（20％の分離課税で）

⑤遺留分侵害額の請求リスクがない（自社株が現金に換わる）

方法があるからです。

◉持株会社を活用する手順

その方法とは、持株会社を活用する方法です。具体的には、次の手順で行います。

①社長が保有する自社株のうちの1株に対して、3分の2の議決権を付与して経営権を維持する（5章13項参照）

②持株会社を設立する。このとき、持株会社の株は後継者が3分の2以上を保有するようにする

③社長が議決権のある1株だけを残し、それ以外の自社株をすべて持株会社または後継者に売却する

④持株会社または後継者から株の売却代金（退職金代わり）を受け取り、売却益の20・315％を納税する

自社株を後継者に売却する場合には、自社株の一部を持株会社に売却することで資金負担を軽減します。

生前退職金の税金は分離課税で、累進税率は最大55％×1／2＝27・5％です。

また、退職金のような支給制限がないため、より多額のキャッシュを受け取ることができます。社長を辞めたくない場合は、慎重な検討をおすすめします。

相続財産、相続税のケース別比較

1 「特例」を適用し、持株を生前贈与 退職金を受け取らないケース

経営権喪失

相続財産 ＝ 自社株（特例対象） ＋ その他財産

相続財産額は減少せず、相続税全体額も減少しない。
自社株に対する相続税は猶予される。

遺留分侵害額請求リスク大

- 社長を退任し、持株は後継者に一括贈与

2 「特例」を適用し、持株を生前贈与 退職金を受け取るケース

経営権喪失

相続財産 ＝ 自社株（特例対象） ＋ 生前退職金 ＋ その他財産

相続財産額は株価低下するが、退職金相当が増加する。
自社株に対する相続税は猶予される。

遺留分侵害額請求リスク軽減

- 社長を退任し、役員報酬を50%以下に減額
- 退職金は、最大55%×1/2=27.5%の累進税率（分離課税）
- 退職金は支給限度あり

3 「特例」を適用せず、持株を1株残して持株会社または後継者に売却 売却代金を退職金代わりとするケース

経営権維持

相続財産 ＝ 1株の自社株 ＋ 株式売却代金 ＋ その他財産

自社株は売却代金に置き換わる。
相続財産額は減少せず、相続税全体額も減少しない。

遺留分侵害額請求リスクなし

- 社長を退任する必要なし
- 売却益は20.315%の一定税率（分離課税）
- 退職金のような制限なし……適正な高い株価での売却可能。

COLUMN 6

社長を辞めなくても退職金相当の現金を手に入れられる

生前退職金は、自分への報奨であり、できれば早く欲しいというのが社長の気持ちだと思います。ところが、まだ社長は辞める年でもないし、退職金支給には株主総会決議が必要で、金額は税務上の制限があります。また、持株を早く後継者に渡してしまうと、経営権も失うことになります。

ところが、社長がまだ若いうちでも辞めることなく、かつ、税務上の制限なく、株主総会の決議なしに退職金相当の現金を手に入れ、同時に、社長の持株を承継しても経営権を失わずに済む方法があります。

その方法は次の通りです。

①後継者が支配権を有する仕入等を行う事業持株会社を設立します。

②社長が保有する1株に、2/3の議決権を付与します。通常、1株につき1個の議決権ですが、非公開会社の場合、株主総会の特殊決議で付与することができます。

③社長は1株を残し、すべての持株を持株会社に売却します。適用株価は法人税法上の株価で時価純資産価額または類似業種比準価額との折半になり、高いほうでも低いほうでも選択できます。

この株価は相続・贈与に適用される株価より高くなります。税金は売却益に対し分離課税で一定税率の20.315%と極めて有利です。また、株式の売却は株主総会も不要です。

社長が若いうちに退職金相当以上の現金を手に入れ、かつ経営権を維持しながら持株の承継を終えることで、安心して事業に邁進できることが、この方法の一番の効果といえるでしょう。

7章

自社株の分散を防ぐ方法と分散した自社株の整理法

1. 個人の直接保有から法人の間接保有に切り替える
2. 従業員持株会を活用する
3. 持株会導入の注意点と裁判所の考え方
4. 定款に自社株を強制買取できる条項を追加しておく
5. 取得条項付種類株式を活用する
6. 財団法人・社団法人を活用する
7. すでに分散した自社株の整理法
8. 親族に分散した自社株の買取方法

1 個人の直接保有から法人の間接保有に切り替える

◉持株を別法人に移動すれば分散を防げる

社長が個人で、直接、自社株を保有している限り、相続や贈与を通じて自社株は分散していきます。自社株分散の有効な対策のひとつが、社長が別法人に持株を移動する方法です。持株を法人名義にすれば相続対象から切り離され、自社株の分散を防止することができます。ただし、別法人の株主は個人なので、相続等により別法人の株主は分散を免れることはできません。

しかし、別法人の株主は本体会社の株主ではないため、本体の株主総会で議決権を行使できず、また子会社の会計帳簿等の閲覧請求は裁判所の許可が必要なので、本体会社の経営への直接的関与はできません。

社長の持株の移動方法は4つあります。

①社長または後継者が支配権を有する別法人（持株会社として）に持株を売却する方法

この場合の売却株価は、法人税法上の株価となり、社長には売却代金が入りますが、売却益に対して20・315％の譲渡所得税がかかります。

②株式移転の方法

③株式交換の方法

②③はいずれも、株主が持株をすべて親会社に取得させ、100％子会社化する代わりに親会社の株式を取得する方法です。株式移転は、親会社が新設会社で、株式交換は既存の会社となります。100％親会社子会社の関係にする等の一定の条件を満たした場合には、非課税となり、資金負担なしに持株の移動ができます。

④株式交付の方法

この方法は①と③を融合したもので、親会社が子会社の議決権の過半数を取得し、そのうち20％までは買取によることができ、残りは子会社株式と親会社株式との交換によるものです。買取部分は売却益に譲渡所得税がかかりますが、交換部分は、非課税、資金負担なしで持株の移動ができます。（詳細は5章8項参照）

なお、この方法は会社法改正（2021年3月施行）によるものですが、同族会社の場合、2023年9月末で適用が終了しますので留意してください。

4つの持株移動方法

①売却（持株会社）
②株式移転 ③株式交換（100％親会社・子会社の関係にする）
④株式交付

2つの方法の比較

	①売却	②株式移転、③交換	④株式交付	
親会社の株主構成	自由な設計が可能	本体の株主構成がそのまま、または一定の比率で引き継がれる	売却 自由設計	交換 一定比率
税金コスト	20.315％の譲渡所得税	非課税（※）	譲渡所得税	非課税（※）
資金負担	有	無（※）	有	無（※）

※一定の条件をクリアした場合

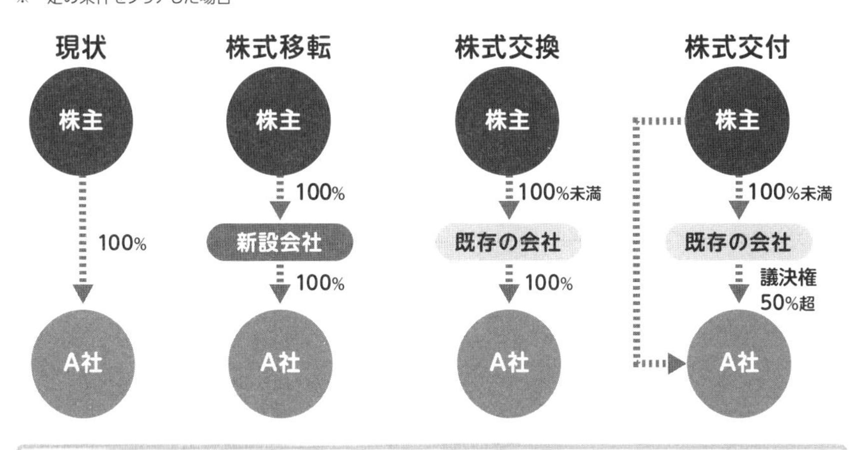

株式交付の方法は、同族会社（同族株主が過半数の議決権を保有）においては2023年9月末で税務上の適用が終了します。

同族会社に該当しない場合には、引き続き適用されます。

2 従業員持株会を活用する

◉相続によって自社株はどんどん分散していく

自社株が分散していくケースで最も多いのが、相続によるものです。社員株主に相続が発生すると、譲渡制限が付与されていても相続は譲渡に該当しないことから、会社の承認を得る必要がないため、相続財産として遺族（社外株主）に承継され、株主の名義書換もされてしまいます。したがって、そのままにしておくと永久に、相続によって自社株が顔の見えない社外の株主に分散していくことになるのです。

◉持株会の特徴

このような事態を回避するための方法としておすすめしたいのが、従業員持株会の活用です。従業員持株会は、民法667条の「**民法上の組合**」として設立するので、法人格がなく法人税の課税対象とならず、持株会の会員に直接課税（**パススルー課税**）がされます。

また、株主数は、持株会を一人の株主として数えるのではなく、会員の人数となります。したがって、会員各自は非同族株主として、配当還元価額が適用されます。

保有株式は共有となり、会員は自社株を直接保有することなく、持分という形で間接的に保有します。株式の管理は理事長に委託され、株式名義は理事長名義となり、議決権行使も一括行使しますが、議決権の不統一行使（反対意見も反映させる）が認められています。議決権の行使は理事長が行うため、株主総会に出席できるのは理事長のみです。

持株会規約を承認して入会することで、会員が退会または死亡等により入会資格を失ったときは、自動的に退会扱いになります。退会時の精算は、持分をあらかじめ決められた株価で持株会が買取り、現金で支払います（資金が不足する場合、買取資金を会社が貸し付けます）。

株式の引き出しは認められておらず、持分を他人に譲渡したり、担保に供したりすることもできません。すでに保有している自社株を組み入れることができるので、社員株主の了解を得て、持株会に取り込むこともできます。

持株会の特徴

①従業員持株会は、法人格がなく法人税の課税対象とならず、持株会の会員に直接課税(パススルー課税)される。

②株主数は、持株会を一人の株主として数えるのではなく、会員の人数となる。

③会員各自は非同族株主として、配当還元価額が適用される。

④保有株式は共有となり、会員は自社株を直接保有することなく、持分という形で間接的に保有する。

⑤株式の管理は理事長に委託され、株式名義は理事長名義となり、議決権行使も一括行使する。ただし、議決権の不統一行使(反対意見も反映させる)が認められている。

⑥株主総会に出席できるのは理事長のみ。

⑦会員が退会または死亡等により、入会資格を失ったときは、自動的に退会する。

⑧退会時の精算は、持分をあらかじめ決められた株価で持株会が買取り、現金で支払う(資金が不足する場合、買取資金を会社が貸し付ける)。

⑨株式の引き出しは認められていない。

⑩持分を他人に譲渡したり、担保に供したりすることはできない。

⑪すでに保有している自社株を組み入れることができる。

3 持株会導入の注意点と裁判所の考え方

◉持株会導入における注意点

持株会を導入する場合、注意しなければいけないことがあります。それは次の4点です。

①本人の自由意思確認資料として、持株会入会時に規約を承認の上で入会申込書に署名押印をしてもらう。従業員が既に保有している自社株を組み入れる場合にも、入会申込書に署名押印してもらう。

②業績に問題がない限りは、配当利回りは10％を平均とし、下限は5％以上とすることが望まれる。

③従業員の福利厚生と経営権の安定化に資するために、配当優先無議決権株式に転換して従業員に割当てることも可能。

◉持株会に対する裁判所の考え方

従来、持株会については「持株会規約による退職時の取得価格での強制買戻し条項が、旧商法204条の株式譲渡の自由と民法の公序良俗違反に抵触するのではないか？」という点が争点になっていました。

しかし、これについては、次の通り平成7年4月25日の最高裁判決においては、株式譲渡の自由を侵害せず、公序良俗にも違反しないと判示されました。

判例の要旨は次の通りです。

・資産形成に寄与する契約の中で、当事者間の合意で譲渡先を限定することは法令に抵触しない。

・低額（配当還元価額等）で自社株を取得しているにもかかわらず、退職時の譲渡についてのみ時価を適用する合理的な理由がない。また低額で取得し一定の配当を受領することで資産形成に寄与していることもある。

この判決により、会社法上の譲渡の自由と上記強制買戻し条項との関係については一定の方向性が示されましたが、民法上の公序良俗問題については、時価との関係で配当利回りが問題視されています。

これについては東京地裁の判例では5％程度でも許容しており、非同族株主に対する税務上の評価である配当還元方式による株価算定では10％の利回りが想定されています。

従業員持株会の規約を作成する際、入れるべき条文

会の性格

第◯条　本会は民法667条第1項に定める組合とする

会員資格

第◯条　会員は会社の従業員に（以下「従業員」という）に限り、勤続年数◯年以上の者に限る

入会および退会

第◯条　従業員は理事長に所定の入会申込書を提出し、理事会の承認を受け本会に入会することができる
2　会員は、理事長に所定の退会届を提出することにより退会することができる。ただし、いったん退会した者は、原則として再入会することができない
3　会員が前条の資格を喪失したときは、自動的に退会するものとする

株式の組入れ

第◯条　会員は自己の保有する株式を本会の持ち分に組入れることができる

株式の管理および名義

第◯条　会員は、前条により登録配分された株式を理事長に管理させる目的をもって信託し、理事長はこれを受託するものとする
2　前項により理事長が受託する株式は、理事長名義に書き換えるものとする

議決権の行使

第◯条　株主総会における議決権の行使は、名義人である本会理事長がこれを行使するものとする。ただし、会員は各自の持分に相当する株式の議決権の行使については、理事長に対し各株主総会ごとに特別の指示を与えることができる

株式の引出し

第◯条　会員は登録された持分の引出しはこれをできないものとする

処分の禁止

第◯条　会員は、登録配分された株式を他人に譲渡し、または担保に供することができない

退会の持分返還

第◯条　会員が退会したときは、当該会員に登録配分された株式を本会に売却し、現金にて払い戻しを受けることとする
2　前項の払い戻しの株式の評価は、別に定めるものとする

4 定款に自社株を強制買取できる条項を追加しておく

◉定款で「売渡請求権」を定めておく

自社株の分散を防ぐためには、定款で「**売渡請求権**」を定めておく方法もあります。

これは、相続や合併等の一般承継によって株式を取得した株主に対し、会社に強制的に売り渡すことを請求できる権利です。この権利を行使するには、株主総会の特別決議で取得する株主と株数を決定します。

なお、対象となる株主は、この決議には議決権を行使することはできませんし、総会の定足数からも除外されます。

◉請求は相続等を知った日から1年以内

売渡請求を行う場合は、相続等があったことを会社が知った日から1年以内に請求する必要があります。

買取価格については、対象株主と協議をして決めることになりますが、協議がまとまらない場合は、裁判所に持ち込んで価格を決定してもらうことになります。

ただし、裁判所に持ち込む場合は、請求時から20日以内に申立てをしないと、売渡請求そのものが無効となってしまいます。

したがって、協議がまとまらない場合に備えて、20日以内に裁判所に申立てができるように、最初から準備しておく必要があるといえるでしょう。

なお、注意しなければならないのは、後継者の持株も強制買取の対象になる可能性があるということです。

これを防止する方法は次の3つです。

1つ目は、**後継者が議決権の過半数を確保しておく**ことです。買取価格が決定するまで(1年ほどかかる)は、いつでも撤回が可能なので、後継者は取締役会を掌握し、請求を撤回することができます。

2つ目は、**持株会社にあらかじめ自社株を移動しておく**ことです。持株会社には相続は発生しませんので、売渡請求の対象にはなりません。

3つ目は、**持株会社に拒否権を付与しておく**ことです。そうすれば株主総会の特別決議を否決できます。

売渡請求権とは?

相続や合併等の一般承継によって株式を取得した株主に対し、強制的に売り渡すことを請求できる権利。

この権利を行使するには?

①株主総会の特別決議で、取得する株主と株数を決定する
　対象株主はこの決議には議決権を行使できない
　対象株式は本決議の定足数から除外される
②相続等があったことを会社が知った日から1年以内に請求する必要あり
③買取価格は対象株主と協議をして決定
④協議がまとまらない場合は、請求時から20日以内に裁判所に持ち込んで価格を決定してもらう
　20日を過ぎると売渡請求そのものが無効になる

請求の撤回

買取価格が決定するまでは、会社は請求をいつでも撤回できる

売渡請求権を定めた場合の注意点

後継者の持株も強制買取の対象になる可能性がある。

防止するための3つの方法

①相続時に速やかに議決権の過半数が承継されるように遺言等をしておく
②持株会社にあらかじめ自社株を移動しておく
③持株会社に拒否権を付与しておく

5 取得条項付種類株式を活用する

◉会社が自己株式として強制取得できる

自社株の分散を防ぐには、会社が自己株式として強制取得が可能な「**取得条項付種類株式**」を使う方法があります。

これは、一定の事由が生じた場合に、あらかじめ決めた価格または評価方法による価格で、会社が自己株式として強制的に取得できるものです。

自社株を取得条項付種類株式に転換し、それを役員や社員に配当還元価額で渡しておくのです。

社員の場合は、基本的には従業員持株会で持分として保有してもらうのがよいでしょう。

一方、役員の場合は、役員持株会という方法もありますが、役員の人数が少ない場合は、取得条項付種類株式にして個々に保有してもらうほうがいいでしょう。

◉取得のタイミングもあらかじめ決めておける

前項で紹介した、相続等の一般承継によって取得した株主に対する売渡請求権は、あらかじめ買取価格を決めておくことはできませんでした。

しかし、取得条項付種類株式の場合は、あらかじめ買取価格または株価算定方法を決めておくことができるというメリットがあります。

また、取得のタイミングもあらかじめ決めておくことができます。

役員の場合は、役員を退任したときや、役員が死亡したときを条件にするケースが一般的で、社員の場合は、社員が退社したときや、社員が死亡したときを条件にするケースが一般的です。

あるいは、単純に取締役会が決議した場合という決め方も可能です。

なお、買取価格を配当還元価額（額面に近い価格）にしておけば、買取資金負担の問題はほとんど生じないでしょう。

取得条項付種類株式とは?

一定の事由が生じた場合に、あらかじめ決めた価格または評価方法による価格で、会社が自己株式として強制的に取得できる株式。

「相続等の一般承継によって取得した株主に対する売渡請求権」は、あらかじめ買取価格を決めておくことはできない。

取得のタイミング

役員 役員を退任したとき、役員が死亡したときなど

社員 社員が退社したとき、社員が死亡したときなど

導入にあたっての留意点

- 会社が取得する株式は「自己株式」となる
- 自己株式は、分配可能額の範囲内でしか取得できない
- 非同族株主の場合は、買取価格を配当還元価額にしておく

6 財団法人・社団法人を活用する

◉社団・財団法人は自社株が相続対象にならない

株式会社の株式は相続の対象になるため、持株会社での間接保有により、本体会社への直接的な関与を防止することができます。

しかしながら、持株会社の株式は相続対象になり、将来相続を通じて名義分散する可能性があります。

その点、財団法人や社団法人が株式を保有しても、財団法人や持分のない社団法人であれば、自社株を完全に相続対象から切り離すことが可能です。

社団法人の場合、取締役に相当するのが理事で、取締役会に相当するのが理事会、株主に相当するのが社員で、株主総会に相当するのが社員総会です。

財団法人の場合も、理事が取締役に相当し、理事会が取締役会に相当します。株主に相当するのは評議員で、株主総会に相当するのが評議員会です。なお、理事、社員の地位は自動的には承継されません。

◉法改正で相続税や贈与税が課税されることに

財団法人や持分のない社団法人は、相続税の課税対象ではありませんでした。

そのため、資産家が簡単に設立できる一般社団法人などを設立し、そこへ財産を移動して、自分はその一般社団法人の役員に収まり、さらに役員に自分の親族を加えることで、相続税の課税なく支配権を親族へ譲渡していくことが可能でした。

しかし、2018年の税制改正により、一般社団法人にも相続税が課税されることになったのです。

具体的には、一定の条件（左ページ参照）を満たす一般社団法人を「特定一般社団法人」と定め、特定一般社団法人の理事が死亡した場合に、特定一般社団法人の純資産額を、被相続人も含めた同族役員の人数で除し、その金額を被相続人から特定一般社団法人へ遺贈されたものとして相続税が課税されることになります。

また、これまで課税対象ではなかった贈与税についても、課税されることになりました（左ページ参照）。

なお、これらは一般財団法人にも適用されます。

一般社団法人等に対する相続税の課税

下記の2つの要件のうち、いずれか片方でも満たす場合は、相続税が課税される。

①相続開始直前における同族役員数の総役員数に占める割合が2分の1を超えること

②相続開始前5年以内において、同族役員数の総役員数に占める割合が2分の1を超える期間の合計が3年以上であること

上記の改正は平成30年4月1日以降に発生する理事の死亡に関して適用される。ただし、平成30年4月1日以前に設立された一般社団法人に関しては、令和3年4月1日以降に発生する理事の死亡から適用される。また、平成30年4月1日以前は上記の要件における2分の1の期間には含まれない。

一般社団法人等に対する贈与税の課税

下記の要件のうち、すべての要件を満たさなければ贈与税等が課税されることになる。

①持分の定めのない法人の運営組織が適正であり、定款等に理事等に占める親族関係者の割合が3分の1以下とする定めがあること

②贈与または遺贈者、法人の役員等、もしくは社員またはこれらの者の親族等に施設利用、金銭貸付、資産譲渡、給与支給、役員選任その他の財産の運用及び事業の運営に関し特別の利益を与えないこと

③定款等において、法人解散の場合に残余財産が国、地方公共団体その他の公益法人等に帰属する定めがあること

④その公益法人等につき公益に反する事実がないこと

7 すでに分散した自社株の整理法

◉株主から強制的に株式を取得する5つの方法

分散した自社株を整理する方法として、定款による売渡請求権の他に、株主から自社株を強制的に買取ることができる方法もあります。

①金銭交付合併
②金銭交付株式交換
③全部取得条項付種類株式
④株式併合
⑤特別支配株主の株式等売渡請求

このうち①と②については、従来、非適格再編に該当し、会社資産の時価評価がされたため、実施されることはほとんどありませんでした。

しかし、2017年の税制改正によって、合併の場合には、存続会社が合併前に消滅会社の株式を、株式交換の場合には、親会社が交換前に子会社の株式を、3分の2以上保有している場合には、残りの株主に対し金銭を交付しても、非適格再編に該当しないことになりましたので、その他の適格条件を満たす場合には活用が期待されます。

◉適格要件を満たさないと課税される

③と④は、再編により少数株主の持株を端株にした後に自己株式として買取る方法で、⑤は90％以上の議決権を保有する単独株主（特別支配株主）が直接、少数株主から強制買取する方法で、いずれも再編税制の対象外でした。2017年の税制改正で、取得する側の株主が法人の場合、再編税制の対象となり、適格要件を満たさないと対象会社（株式を取得される側）の資産の時価課税がされることになりました。したがって、同族関係者で過半数の持株を確保している場合、次の適格要件を満たすことが求められます。

・**従業者引継要件**……勤務実態のある役員、社員の概ね80％が引き継がれる。
・**事業継続要件**……主要な事業が継続されること。

なお、①②③④は株主総会の特別決議が必要ですが、⑤は対象会社の取締役会決議のみで取得ができます。

自社株の強制買取の5つの方法

①金銭交付合併

株主総会の特別決議により、合併会社（存続会社）は被合併会社（消滅会社）の株主に対して、対価として合併会社（存続会社）の株式ではなく、金銭を交付することにより少数株主を排除する。

②金銭交付株式交換

株主総会の特別決議により、子会社の株主に対して、対価として親会社の株式ではなく金銭を交付し、少数株主を排除した上で、親会社の100%子会社化する。

③全部取得条項付種類株式

株主総会の特別決議によって、普通株式の全部を取得することができる種類株式に転換後、いったん全部取得し、たとえば100株に対し1株の割合で新たに株式を割当し、50株を0.5株の1株未満の端株にし、強制買取を可能にする。

④株式併合

株主総会の特別決議により、既存の複数の株式を1株に統合することにより、発行済み株式数を減らす方法。たとえば、100株を1株にすると、50株は0. 5株となり、1株未満の端株は強制買取が可能となる。

⑤特別支配株主の株式売渡請求

対象会社の総株主の議決権の90%以上を有する株主（特別支配株主）が、対象会社の承認を受けただけで、他の株主（少数株主）が有する対象会社の株式等の全部を強制的に取得できる権利。

8 親族に分散した自社株の買取方法

◉持株が外部株主に分散し続けていくリスクも

世の中には社長の弟が専務で、専務も自社株の一部を保有しているような会社がたくさんあります。

たとえば、社長が1万株、社長の弟が５０００株、後継者である社長の長男が５０００株を保有しているような場合です。

このようなケースで、専務の子供が後継者ではない場合、専務の持株をその子供が相続した際、多額の納税資金捻出のために、専務の子供から買取を要求される可能性があります。

また、持株は相続を通じて果てしなく外部株主に分散していくことになるので、会社経営にとってはリスクとなる可能性もあります。

このようなケースの抜本的な対応策としては、持株を買取ることですが、持株買取金額と専務の退職金とを合わせて、会社が負担できる総額はいくらくらいかという観点から、持株の買取価格を決定するのが現実的といえます。

◉関係会社・後継者個人が買取る

専務の持株を買取る方法は、次の2通りがあります。

①株主が長男（孫も可）である関係会社が、法人税法上の株価で買取る

②後継者が個人で、相続税法上の株価で買取る（買取資金は会社から借入し、将来、持株を関係会社に売却し、返済することも可能）

このほか、専務の持株を自社で買取る方法もありますが、この場合はみなし配当所得になるため、税金コストが増大します。具体的には、総合課税となり、税率は最高で約50%になります。

これに対して、先ほどの関係会社または後継者個人が買取る場合は譲渡所得となり分離課税になるため、専務の持株を買取る場合は関係会社または後継者個人が買取る方法が有利といえるでしょう。

社長の親族から持株を買取る方法

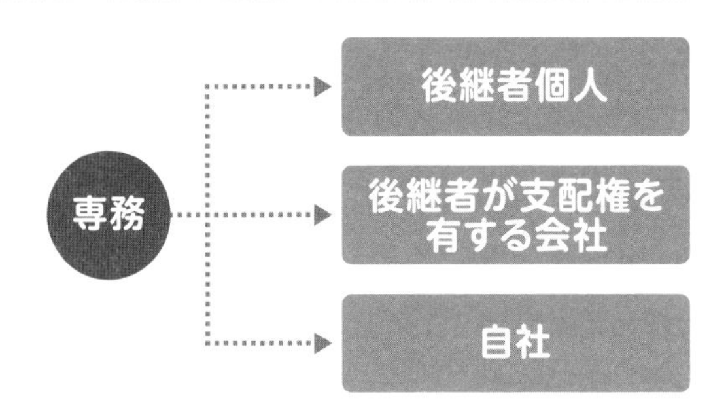

	適用株価	株価水準	税金
後継者個人	相続税法上の株価	低い	譲渡所得税 分離一定税率 20.315%
持株会社	法人税法上の株価	高い	譲渡所得税 分離一定税率 20.315%
自社	法人税法上の株価	高い	配当所得総合課税 累進税率 最大約50%

COLUMN 7

遺留分侵害額請求で想定外の資金が流出してしまう

社長の相続財産に占める自社株の割合が圧倒的に多いため、自社株を株価が安いうちに生前贈与し、残った自社株を後継者に集中させるために遺言を作成するのは一般的によくあることです。

遺留分とは、直系尊属のみが相続人である場合を除き、相続人が法定相続分の１／２を相続する権利で、社長の兄弟は権利がありません。遺留分を算定する場合、相続時点での財産だけで遺産分割をすると不平等な分割になるので、相続前10年間に生前贈与した財産額も追加した上で、遺留分の金額を算定します。そして、遺言により承継する財産額が遺留分より少ない相続人は、多額の財産を承継した相続人に不足分を現金で支払うよう請求ができます。

問題は、生前贈与した財産の評価で、安い株価で贈与した自社株を、贈与時ではなく、相続時の高い株価で評価する必要があることです。適用する株価は、相続財産と同じ株価からそれよりも一段と高い時価評価までありますが、相続人全員が納得すれば、最も安い、相続財産と同じ株価が適用できます。しかし、もめた場合には、それより一段と高い時価評価になってしまいます。

もともと財産に占める自社株割合が圧倒的に高いのに加え、生前贈与の株価が相続時の財産評価よりもさらに高い時価で評価されると、想定外に多額の遺留分侵害額を請求されることになります。後継者は現金で支払う必要があるため、持株を自社等に売却する等して現金を確保することにより、会社から想定外の資金が流出するリスクがあります。ですから、遺言作成を含めた、事前の対策が必須なのです。

8 章

買取価格でもめたときの対応策

1 税務上の株価と異なる株価が適用されるケース

2 裁判所が採用している主な評価方法

3 各株価評価方法の特徴と評価額の順位

4 譲渡制限株式の譲渡承認の流れ

5 譲渡不承認における売買価格決定プロセス

6 組織再編等に関する反対株主の株式買取請求権

1 税務上の株価と異なる株価が適用されるケース

◉裁判所の株価評価は税務署とは違う

これまでは主に税務上の株価評価について説明してきましたが、それとは異なる株価評価が適用されるケースがあります。

それは、裁判所に価格決定の申立てが行われた場合です。

会社法に基づいて、裁判所に価格決定の申立てができるケースとして、主に以下の4つが挙げられます。

◉裁判所に価格決定の申立てができる4つのケース

1つ目は、**譲渡制限のついた株式の譲渡承認請求を会社が承認しない場合**です。

この場合、会社または会社の指定する買取人は株式を買取らなければならないわけですが、その買取価格の折り合いがつかない場合、裁判所に価格決定の申立てをすることができます。

2つ目は、**相続の発生等によって譲渡制限株式を取得した相続人等に対して、会社が株式の売渡請求をした場合**です。

この場合、相続人等は売り渡さなければならないわけですが、価格の協議がまとまらない場合、裁判所に価格決定の申立てができます（本章4項参照）。

3つ目は、**合併・会社分割・株式交換・株式移転の組織再編行為、事業譲渡等に反対する株主が、会社に対して株式の買取請求権を行使した場合**です。

この場合も、価格の折り合いがつかなければ、裁判所に価格決定の申立てができます。

4つ目は、**少数株主を締め出す（スクイーズアウト）ために少数株主が保有する株式を強制買取する場合**です（7章7項参照）。

この場合も、全部取得条項付種類株式発行に関する定款変更と同種類株式取得・株式併合・金銭交付合併・金銭交付株式交換に反対する株主と、特別支配株主による株式の強制買取の対象となる株主は、買取価格の折り合いがつかないときは、裁判所に価格決定の申立てができます。

裁判所に価格決定の申立てができる4つのケース

①譲渡制限株式の譲渡承認請求を承認しない場合の買取

双方平等の立場から株価評価が行われる

会社 VS 譲渡を受けた株主

②相続人等に対する売渡請求

会社は株主の意に反して強制的に買取るため、評価方法は支配株主としての評価が採用される

会社 VS 相続人等

③組織再編等に反対する株主の買取請求

支配株主としての評価が採用される

会社 VS 反対株主

④少数株主から強制買取(スクイーズアウト)

支配株主としての評価が採用される

会社 VS 少数株主

裁判所に申立てをするのが得なのか、損なのか?

裁判所の価格決定における評価方法には一定の傾向があり、それを知っていれば、裁判所に申立てをしたほうがいいのかどうかが判断できる

2 裁判所が採用している主な評価方法

◉主な評価方法は4つある

では、裁判所が株価を決定する際に採用している評価方法とはどのようなものなのでしょうか？

これについては、株主が支配株主なのか、少数株主なのか、あるいは中間的な株主なのかによって変わります。

・支配株主の場合

①DCF法（将来のキャッシュフローをベースに株主価値を算定）

②収益還元法（過去の収益をベースに株主価値を算定）

③時価純資産価額との併用

・少数株主の場合

①配当還元法（ゼロ成長モデル、ゴードンモデル）

②時価純資産価額との併用

◉各算定方法の特徴

DCF法とは簡単にいうと、企業が将来生み出すフリーキャッシュフローの総合計（予測値）を現在価値に割り引くことによって、その企業の事業価値を算定し、企業価値、株主価値を導く方法です。

このDCF法を採用するためには、中期経営計画などがきちんと作成されていることが前提となります。

これに対して収益還元法は、過去3～5年程度の実績が将来も続くと仮定した上で、その企業の事業価値を算定し、企業価値、株主価値を導く方法です。これらの評価方法は恣意性が入り込む余地があるので、時価純資産価額をベースとして併用するケースが多くなっています。

配当還元法とは、期待配当が将来も続くと仮定した上で、配当金額を一定の割引率で還元して、元本である株式の価額を求めようとする方式です。

ゼロ成長モデルが基本ですが、企業の成長に伴って配当も同じ割合で成長していくという考え方に基づくものがゴードンモデルです。ゴードンモデルのほうが株価は高くなります。

なお、それぞれの計算式は左ページの通りです。

企業価値とは?

企業価値	事業価値 + 非事業性資産	株主価値	株主に帰属	受取配当、自社株式売却
		有利子負債	債権者に帰属	貸付利息、社債利息

主な評価方法

DCF法

株主価値 = 事業価値(※1) + 非事業性資産(※2) − 有利子負債

会社は株主の意に反して強制的に買取るため、評価方法は支配株主としての評価が採用される

※1 事業価値 = $\dfrac{\text{フリーキャッシュフロー(※3)}}{\text{割引率(※4)}}$

※2 非事業性資産 …… 遊休不動産や余剰資金など

※3 フリーキャッシュフロー =
営業利益 − 法人税等 + 減価償却費 − 資本的支出 ± 運転資本増減

※4 割引率 …………… 株主資本コストと有利子負債コストの加重平均

収益還元法

株主価値 = 事業価値(※5) + 非事業性資産 − 有利子負債

※5 事業価値 = $\dfrac{\text{営業利益} - \text{法人税等}}{\text{割引率(※4)} - \text{成長率}}$

配当還元法(ゼロ成長モデル)

株主価値 = $\dfrac{\text{配当期待値}}{\text{割引率(※6)}}$

※6 割引率 = 株主資本コスト

配当還元法(ゴードンモデル)

株主価値 = $\dfrac{\text{配当期待値}}{\text{割引率(※6)} - \text{配当成長率}}$

3 各株価評価方法の特徴と評価額の順位

◉支配的な株主、同族株主に適用される評価

①**DCF法、収益還元法**……将来の予想キャッシュフローまたは予想利益をもとに事業価値を算定し、株主価値を算定する方法。キャッシュフローまたは過去の利益が将来にわたり永続することを前提に、将来価値を現在価値に割り引くため、評価は最も高くなる傾向があります。

②**時価純資産価額**……法人税法上の株価。法人への売却に適用され、前期末のB／Sをもとに、資産は時価で算定し、資産と負債の差額である純資産価額を算定します。会社は永続するとの考え方に基づき、含み益に対し法人税相当額は控除しないので、含み損がない限りは2番目に高くなります。

③**純資産価額**……相続税法上の株価。相続、贈与、個人間売買に適用され、会社を解散したと仮定し、前期末のB／Sをもとに解散価値を算定。資産は財産評価通達に基づき評価し、含み益がある場合、その差額に対し法人税相当額（現状37％）を控除するので、その分評価は低くなります。

④**簿価純資産価額**……前期末のB／Sをもとに、帳簿上の純資産そのままで評価。含み損益は反映されません。

⑤**類似業種比準価額**……相続税法上の株価。過去2期間の配当、利益、純資産を類似業種の上場会社における各要素の平均値と比較し、算定します。数値の比較だけで、含み損益は反映されません。

◉少数株主、非同族株主に適用される評価

①**配当還元法（ゴードンモデル、ゼロ成長モデル）**……配当（一定額または一定の成長率に基づく）が永続する前提で、永続する配当を現在価値に引き直し、割引率は通常は10％未満なので、その分評価は高くなります。

②**配当還元方式（財産評価基本通達に基づく評価）**……過去2期間の配当実績の平均額を10％で割り戻すため、①より評価は低くなります。

成長企業における各評価の傾向

高

①DCF法（または収益還元法）

予想フリーキャッシュフローまたは過去の営業利益が永続するものと仮定し、事業価値、株主価値を算定する

②時価純資産価額（法人税法=法人税基本通達に基づく評価）

前期末のB／Sに基づき、資産を時価で評価

- 土地等の評価：時価（路線価÷0.8）
- 含み益　　　：法人税相当額控除なし

③純資産価額（相続税法=財産評価基本通達に基づく評価）

前期末のB／Sに基づき、資産を相続財産評価

- 土地等の評価：路線価評価（時価×0.8）
- 資産の含み益：法人税相当額控除あり（現在37%）

④簿価純資産価額

前期末のB／Sに基づく帳簿上の純資産価額

- 含み損益は考慮しない

⑤類似業種比準価額（相続税法=財産評価基本通達に基づく評価）

過去2期間の配当、利益、純資産を類似業種の上場会社のそれと、同じウエイトで比較する

- 含み損益は考慮しない

⑥配当還元法（ゴードンモデル、ゼロ成長モデル）

将来の予想配当を、概ね10%未満の割引率で算定

⑦配当還元方式

過去2期間の平均配当を、10%で割り戻す（相続税法）

低

法人税法上の株価　：　法人税基本通達（法人との売買）
相続税法上の株価　：　財産評価基本通達（相続・贈与、個人間売買）

4 譲渡制限株式の譲渡承認の流れ

◉2週間以内に通知しないと承認したことになる

ここで譲渡制限株式の譲渡承認についての流れを説明しておきたいと思います。

まず、会社の承認なしに株式譲渡は可能ですが、会社の承認がないと株主として権利を行使することはできません。したがって、譲渡制限付きの株式を譲渡する株主または譲渡により取得した者は、会社に対して譲渡承認請求をすることになります。

この請求に対し、会社は承認または不承認の決定を行い、それを2週間以内に到達するよう、株主に通知する必要があります（2週間以内に到達しなかった場合は、承認したものとみなされます）。

不承認の場合、会社はその株式を「自社」で買取るか「指定買取人」に買取らせるかを決め、株主に通知します。自社で行う場合は40日以内に到達するように通知すればいいのですが、指定買取人の場合は、10日以内に到達するように指定買取人が通知しなければなりません。

このとき会社または指定買取人は一定の金銭（1株あたりの簿価純資産価額×株式数）を供託しなければならないことになっています。

◉裁判所への申立ては20日以内

通知の到着後、会社と株主は買取価格について協議することになります。協議がまとまらなかった場合は、20日以内に裁判所に価格決定の申立てをすることができます。

裁判所が価格決定をした場合、その後、協議がまとまったとしても、会社もしくは指定買取人は、裁判所が決定した価格で買取ることになります。

20日以内に裁判所へ申立てをしなかった場合はどうなるかというと、供託した価格で買取ることになりますので注意しましょう。

このように譲渡制限株式の譲渡承認については、「2週間」「10日もしくは40日」「20日」というタイムリミットがありますので、くれぐれも後手に回らないよう注意が必要です。

譲渡制限株式の譲渡承認の流れ

期間	手続	内容
2週間	株式取得者 会社に対し譲渡承認請求	① 株式数　② 譲受者名 ③ 譲渡不承認の場合、買取請求する場合、その旨
	譲渡の承認または不承認の決定	① 取締役会「非」設置会社　株主総会 ② 取締役会設置会社　取締役会
	承認・不承認の通知	● 買取人指定の通知は不要 ● 2週間以内に到達する必要
自社40日 指定買取人10日	買取人の決定	① 自社で買取→株主総会の特別決議 ● 承認請求者は議決権行使不可　● 総会定足数からも除外 ② 別途指定（指定買取人） イ. 取締役会「非」設置会社　株主総会特別決議 ロ. 取締役会設置会社　取締役会
	自社または指定買取人が通知	① 通知内容 イ. 自社または指定買取人が買取る旨 ロ. 対象株式数 ※通知は下記以内に到達する必要 自社 ～40日　指定買取人 ～10日 ② 供託 1株あたりの簿価純資産価額×株式数の総額を供託。 それを証する書面を請求者に交付
20日	売買価格の決定 ▼ ▼ ▼ 決済名義書換	〈決定方法〉 ① 協議不調の場合、裁判所に価格決定の申立て可能 →買取通知到達日から20日以内 ② 裁判所が価格決定した場合、協議がまとまっても、 裁判所の価格で決定 ③ 協議不調で20日以内に裁判所への申立てがない場合、 簿価純資産額が価格になる

株式会社が承認したとみなされる場合

① 承認・不承認の通知が2週間以内に到達しない場合
② 買取人からの通知が下記以内に到達しない場合　イ. 自社～40日　ロ. 指定買取人～10日
③ 法令省令で定める場合

譲渡承認請求の撤回時期の明確化

買取人からの通知以後は、買取人の承認がないと撤回が不可能

5 譲渡不承認における売買価格決定プロセス

◉売手と買手、双方対等の立場で評価される

裁判所に価格決定の申立てをした場合、裁判所はどのような判断基準で価格決定を行うのでしょうか？

裁判所が株価を決定するにあたってベースとして持っている考え方は、「売手と買手は双方対等の立場で評価すべきである」というものです。

具体的には、「売手の立場からの株価評価」と「買手の立場からの株価評価」を足して2で割る、すなわち1対1の割合で評価する方法を取っています。

◉買手に適用される評価方法

買手である会社は、通常、支配株主が存在する会社であるため、支配株主としての評価方法であるＤＣＦ法または収益還元法、または時価純資産価額法との併用によって算定されます。

◉売手に適用される評価方法

売手が「少数株主」か「中間的な株主」か「支配株主に準ずる株主」かによって、評価方法が異なります。

①少数株主……配当還元法（ゴードンモデル）または配当性向が低い場合は純資産法と併用

②中間的な株主……役員になる可能性がある（判例では10％の持株比率）等の経営に対する影響力がある場合は、支配株主の評価と少数株主の評価の併用

③支配株主に準ずる株主……売却により経営権の異動または異動に準ずる場合における株主～旧支配株主で、売却により相手に経営権が異動する場合、または1／3超の持株比率があり、株主総会の特別決議を拒否でき、売却により相手方が１００％経営権を確保できる場合には、支配株主に準じてＤＣＦ法または収益還元法、または時価純資産価額法との併用

なお、各評価方法による株価の評価額は、一般的には「配当還元法＜簿価純資産価額＜時価純資産価額＜ＤＣＦ法（収益還元法）」となります（税務上の評価額との比較は左ページ参照）。

ただし、資産の中で不良債権等の資産性ないものや含み損があれば、「簿価純資産価額＞時価純資産価額」となります。

平成16年4月12日決定札幌地方裁判所の事例

- 酸素ガス製造のオーナー企業で、収益力は高く、毎期12%の配当を実施
- 資本金8,000万円、発行株式数160千株

株主構成	持株数	比率
東京中小企業投資育成株式会社	53,500	33.4%
資産管理会社(同族関係)	51,300	32.1%
同族株主(個人)	35,700	22.3%
A氏	10,500	6.6%
その他	9,000	5.6%
合計	160,000	100.0%

A氏が保有する6.6%の持株の譲渡にあたり会社に譲渡承認を求めたが、会社は承認せず、自社を買取人に指定した。

売手の立場からの評価

株式売買は投資資金の回収の方法であり、利益配当請求権と残余財産配当請求権を換価する2つの側面がある。

利益配当請求権 ▶ 配当方式
残余財産分配請求権 ▶ 純資産方式 ▶ 配当方式：純資産方式＝1：1

買手の立場からの評価

継続企業の動的価値を現す最も理論的な方法はDCF方式。同社は東京中小企業投資育成株式会社の引受価格(配当還元法に近い評価方法)を算定の基礎とすべきと主張したが、一般的に客観化された評価方式としては定着しているとは認められないので採用は不適当。

総合的には下記の併用方式を採用

売主：買主＝1：1＝(配当方式0.25＋純資産方式0.25)：(DCF方式0.5)

税務上の評価額との比較(一般的な傾向)

配当還元価額 < 配当還元法 < 類似業種比準価額 < 簿価純資産価額 < 純資産価額 < 時価純資産価額 < DCF(収益還元法)

6 組織再編等に関する反対株主の株式買取請求権

◉株主総会で反対するだけでは行使できない

組織再編や事業譲渡等に反対する株主は、会社に対し持株の買取請求を行うことができ、会社はその請求に対し、「公正な価格で買取する義務」が生じます。

①議決権を行使できる株主

注意すべきは、株主総会で反対の議決権を行使するだけでなく、株主総会の前にも、会社に対し反対の通知を行う必要があることです。条件を満たさない場合、会社は公正な価格での買取に応じる義務はなく、反対株主は裁判所に価格決定の申立てもできません。

したがって、事前に反対した事実を明確にする必要があるため、配達証明付きの内容証明郵便等を利用するのが効果的といえます。

また、株主総会で反対の議決権を行使する場合、挙手や口頭だけで済まさずに、会社から反対したという証拠をもらっておくとよいと思われます。ただし、上場会社のように、書面投票制度に基づき交付された議決権行使書面を提出し、反対の意思表示をすれば、1回で事前の反対通知もしたことになります。

②議決権のない株主、または株主総会が不要な場合

無議決権株式や単元未満株式を保有する株主のように議決権を行使できない株主、また簡易組織再編等で株主総会決議が不要な場合は、反対の意向を表明しなくても原則すべての株主に買取請求権が認められます。

◉裁判所への価格決定の申立てと裁判所の価格決定

組織再編等の効力発生日から30日以内に協議が整わない場合、その期間満了後30日以内に裁判所に価格決定の申立てを行う必要があります。

組織再編行為、事業譲渡等に反対する株主の買取請求権に基づく買取価格は、「支配株主としての評価であるDCF法または収益還元法を採用する」という方針をとっていますので、買取価格は高くなる傾向があります。理由は、株主の意思に反する組織変更等は、株主の重大な利害に関わるため、公正な価格による株主の投下資本の回収を認めているからです。

反対株主の株式買取請求権行使のポイント

議決権を行使できる株主

▼

株主総会の事前、当日の反対が必要

①株主総会に先立って、組織再編等に反対の通知を送る

- 通知を確実にするためには、配達証明書付き内容証明郵便等の利用を検討する

②株主総会で反対の議決権を行使する

- 会社から反対したという証拠をもらっておく
- 事前の反対通知がない場合、会社は買取義務はない

☑書面投票制度に基づいた、議決権行使書面の提出により反対する場合は、事前の反対通知は不要

☑議決権を行使できない株主、株主総会決議が不要な場合、該当株主は何もしなくても原則、買取請求権がある

買取請求権の行使可能期間

①吸収合併、株式交換、吸収分割、事業譲渡等

効力発生日の20日前～効力発生日の前日

②株式移転、新設分割

会社から株主宛てに再編する旨の通知または公告をした日から20日以内

行使方法

買取請求する株式の種類と株式数を会社に通知する。通知方法は限定されていないが、書面やメール等で後日請求した事実が明確になるものがよい。

☑組織再編等の効力発生日から60日以内に裁判所に価格決定の申立てを行う必要がある

☑反対株主の要件を満たしていないと、仮に買取請求に応じてもらえた場合に、価格の協議がまとまらなくても、裁判所に価格決定の申立てができない恐れがある

☑裁判所の評価方法は主としてDCF法または収益還元法

☑裁判所に申立てた場合、買取価格が高くなる可能性が大きい

COLUMN 8

想定外の遺留分侵害額請求を免れるためには

本書で繰り返し述べてきたように、自社株の事業承継の根本的な問題は、社長の財産に占める自社株の割合が圧倒的に多く、かつ後継者にほとんどの自社株を集中せざるを得ないことから、極めて不平等な遺産分割になることです。

基本的には、自社株を生前にできる限り後継者に移動しておくことが有益な対策となりますが、COLUMN7 で述べた遺留分算定対象になってしまっては、その効果が大きく減殺されてしまいます。

特に自社株を生前贈与して 10 年間を経過すると、原則、遺留分算定の対象外になりますが、遺留分を侵害することを知って行った贈与は 10 年間の縛りがなくなり、すべての贈与が対象になってしまいます。したがって、安全な方法として、生前に後継者個人に社長の持株を売却することをおすすめしているのです。

そもそも、適正価格での譲渡は遺留分算定の対象外になります。さらに適用する株価は相続税法上の株価になり、社長の相続財産額は増えません。自社株が現金資産に置き換われば財産に占める自社株割合も下がり、その分、他の相続人の分割財産が増えることになるのです。

なお、後継者の資金負担は、後継者が支配権を有する会社に時価で売却することで解消できます。社長には、役員報酬よりも有利な譲渡所得税（分離課税で 20.315%の一定税率）しかかかりません。社長がより多くのキャッシュを得たい場合には、時価純資産価額 100%の高い株価で持株会社に直接売却ができます。

9章

会社の資金流出を防ぐための対応策

1 生前退職金を活用する

◉会社の利益が減少すれば株価も下がる

オーナーが後継者に持株を承継する方法には、生前に贈与および譲渡する方法と、相続によって承継する方法があります。いずれの場合も、株価が高いと後継者の資金負担が多くなり、最終的には会社の資金流出につながります。

したがって、株価が低いときに承継したほうが、資金負担が少なくて済みますので、後継者にとっても、会社にとってもいいのです。

では、株価が低下する主な要因は何でしょうか?それは、会社の利益が減少することです。

後継者に自社株を承継する際の株価算出の基準となる株価評価には、純資産価額と類似業種比準価額があり、会社の規模によってそれぞれ単独、もしくは併用する方式が適用されます。

一般的に株価の引き下げが容易なのは類似業種比準価額で、利益が減少すると株価が低下します。

◉利益の減少には生前退職金が効果的

会社の利益が減少する要因にはいくつかありますが、そのひとつが生前退職金の支給です。

オーナーに生前退職金を支給すると、一時的に利益が下がります。それにより株価が低下した時点で後継者に持株を移動させるのです。

ただし、生前退職金が税務上の損金にならないといけません。そのためには、オーナーが代表取締役を辞め、実質的に後継者に権限を委譲する必要があります。

退職金の一般的な算定方式は次の通りです。

最終月額報酬×役員勤続年数×功績倍率×功労加算金

創業者の功績倍率は3倍程度で、功労加算金は最大30%です。

以上から、オーナーの役員報酬は下げすぎないほうが無難です。直前に役員報酬を引き上げると否認されるリスクがありますので、2~3年前から準備をしておくことをおすすめします。

なぜ会社の資金が流出するのか?

株価が上昇

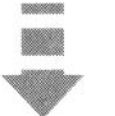

社長が後継者に自社株を贈与・譲渡・相続

後継者の資金負担、税負担が増える

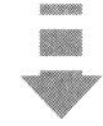

会社から資金を借りる

会社の資金が流出

会社の利益が減少すれば、株価も下がる

利益を大きく減少させる方法	オーナーに生前退職金を支給する
生前退職金が損金となるには?	オーナーが代表取締役を辞め、実質的に後継者に権限移譲する必要がある

株価が下がっても、退職金としての現金資産が増えるので、相続財産が減少しないケースもあるので要注意!

2 持株会社に自社株を譲渡する①

◉持株会社への移動方法は譲渡と株式移転・株式交換

株価が下がる方法として、持株会社を活用するというのもあります。本体の会社の株式を法人が間接的に保有することで、その後の株価上昇分の37%（2023年8月現在）を控除して評価できます。

株式を法人に移せば即座に株価が下がるというわけではありませんが、長期的には個人で直接保有する場合に比べて有利になります。

◉譲渡した場合の6つのメリット

持株会社への自社株の移動方法としては、「譲渡」と「株式移転・株式交換」の2つの方法があります。

譲渡により売却益がある場合には、譲渡所得税20・315%の分離課税がかかりますが、譲渡所得税を負担するので、税務上、安全な方法といえます。自社株は現金資産に置き換わりますので、次の5つのメリットが得られます。

①評価が確定する
②遺産分割が容易になる
③オーナーが元気なうちに現金が手に入る
④財産権と経営権の両方の承継ができる
⑤永久に株価上昇分の37%の控除が受けられる
⑥遺留分算定の対象外となる

では、本項と次項で順に説明していきましょう。

まず1つ目は、**自社株を譲渡した時点で株の評価が確定する**ということです。

2つ目は、**遺産分割が容易になる**ことです。自社株のままでは、後継者に集中することになりますが、現金であれば平等な分割ができます。また、将来の納税資金に充当することも可能です。

売却価格は法人税法上の株価が適用されます。法人税法上の株価は原則、時価純資産価額ですが、類似業種比準価額との併用も認められています。一般的には時価純資産価額のほうが類似業種比準価額よりも高くなるため、併用方式を使うケースが多いといえます。

譲渡の6つのメリット

①評価が確定する
②遺産分割が容易になる
③オーナーが元気なうちに現金が手に入る
④財産権と経営権の両方の承継ができる
⑤永久に株価上昇分の37%の控除が受けられる
⑥遺留分算定の対象外

事例 B社が買取したA社株の評価が1億円から3億円になったケース

B社の貸借対照表 (百万円)

(資産)	(負債)
A社株式　100 (評価　300)	借入　90
	(純資産) 資本金　10

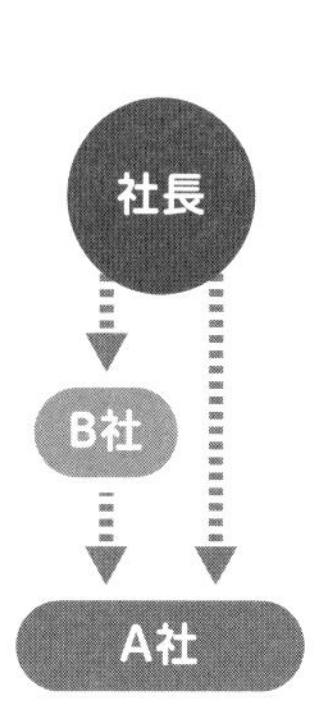

株価上昇の影響比較 (百万円)

株主構成	評価対象	取得時	株価上昇後	増加額
直接保有	A社	100	300	+200
間接保有	B社	10	136	+126

B社の純資産価額方式の株価＝解散価値

解散価値 ＝ 帳簿上の純資産＋含み益×(1−37%)
＝ 10＋(300−100)×(1−37%)＝136

3 持株会社に自社株を譲渡する②

◉生前退職金の代わりになる

自社株を持株会社に譲渡するメリットの3つ目は、**オーナーが元気なうちに現金が手に入る**ことです。売却代金を受け取ることは生前退職金代わりになります。

生前退職金を支給する意義は、会社創業のご褒美的な部分もありますが、納税資金を捻出する目的もあります。さらに、高齢化してから現金資産をもらっても使えないこともありますので、元気なうちに退職金代わりに売却代金を得ることとの意義は十分あるといえるでしょう。

4つ目は、**財産権と経営権の両方の承継ができる**ということです。持株会社の株主構成をあらかじめ後継者中心としておけば、間接的に売却を通じて後継者に自社株を移動したことになります。

5つ目は、**永久に控除が受けられる**ことです。

オーナーが亡くなって相続が発生した場合、オーナーが保有している持株会社の株が後継者に相続される場合には評価差額（含み益）に対する法人税等相当額の控除（2023年8月現在37%）が受けられます。これは次世代だけでなく、次々世代に対しても永久に続きますので、長期的なスパンでは大きな差が生じてくるのです。

6つ目は、譲渡が遺留分算定の対象外となるため、**多額の遺留分侵害額の請求リスクがなくなる**ことです。

◉売却価格は法人税法上の株価が適用される

ちなみに、オーナーが自社株を持株会社に売却する場合の株価は、法人への売却のため、法人税法上の株価が適用されることになります。具体的には、「時価純資産価額」もしくは「（時価純資産価額＋類似業種比準価額）×1／2」のいずれかになります。

前述したように、税務上の純資産価額の計算方法は、会社の解散価値という考え方に立っているので、含み益がある場合は法人税に相当する37%を控除することができました。しかし、法人税法では会社は解散しないとの考え方であるため、37%の控除はありませんので、法人税法上の株価のほうが高くなります。

直接保有と間接保有の違い

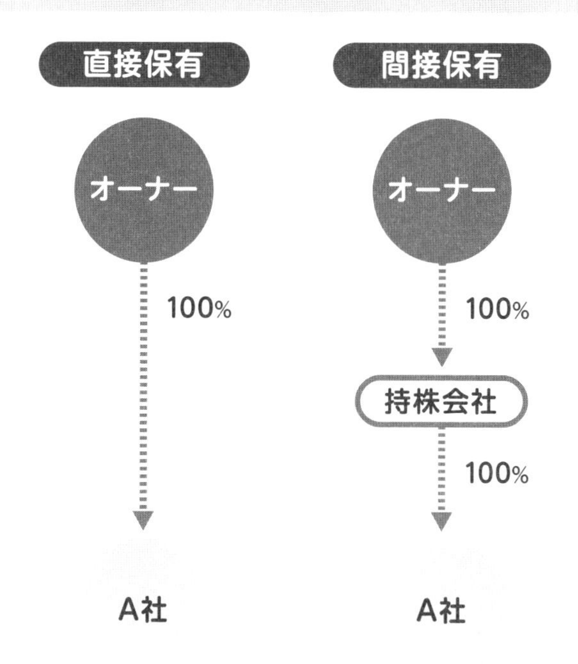

- 直接保有の場合は、すべてが課税対象となる。
- 間接保有の場合は、A社の「含み益」は法人税等相当額の37%(2023年8月現在)が控除されて評価されることになる。

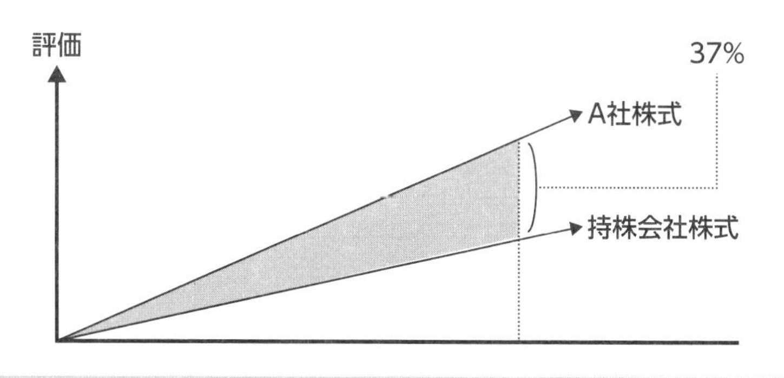

4 相続財産を増やさずに、持株会社に自社株を移転する方法

◉**社長の持株を個人間で移動する**

社長の持株を持株会社に、株価の高い法人税法上の株価で譲渡し、経営権の安定化を図る方法は有効ですが、売却金額が多額になり相続財産を増やしたくない場合は実行が困難になります。その場合、社長の持株を、評価の低い相続税法上の株価で後継者個人に直接移動する方法と、資金負担・納税負担なしで法人に移転できる株式移転、株式交換、株式交付とを組み合わせる方法があります。適用株価はいずれも**相続税法上の株価（法人税法上の株価より安い）**となります。

①**譲渡**……適用株価が低いので、譲渡代金が減少し、譲渡所得税が引かれるので相続財産は減少します。

②**贈与**……相続財産は、贈与税分、金銭が減少します。譲渡所得税は相続税から控除されませんが、贈与税は相続時に相続税から控除されるため、最終的な納税負担は、譲渡のほうが多くなる傾向にあります。遺留分の観点からは、相続前10年間の贈与株式は対象になりますが、譲渡株式は対象外になります。

◉**持株会社へ移動する**

一定の条件を満たせば、**資金負担・納税負担ゼロで持株会社への移動が可能**です。さらに、持株会社において、株式移転・株式交換・株式交付は、子会社株式の税務上の受入価額が株主の取得簿価となります。結果、持株会社を通じて、子会社の自己資本が資本金まで圧縮され、将来の株価評価上有利になります。

◉**個人間移動と持株会社への移転の順序**

①**個人間売買**……持株会社の、税務上の受入価額が額面から譲渡価額に増加し、株価上昇リスクにつながるので、持株会社への移転後、個人間売買を行います。

②**贈与**……受贈者は贈与者の取得価額を引き継ぐため、税務上の受入価額は増加しません。したがって、順序はどちらでも影響ありません。

相続財産を増やさずに自社株の持株会社へ移転・後継者へ承継する方法

社長の持株を、法人税法上の高い株価で、持株会社に譲渡し、多額の譲渡代金により
相続財産を増加させたくない場合

下記の①②の組み合わせで対応

①社長の持株を後継者個人に株価が安い相続税法上の株価で移動する方法
②資金負担・納税負担なしで法人に移転できる方法：株式移転・株式交換・株式交付

個人間の移動方法 (適用株価〜相続税法上の低い株価)

①**譲渡する方法：**法人への譲渡に比し、譲渡代金が減少し、譲渡所得税が引かれ、相続財産は減少
②**生前贈与する方法：贈与税相当の金銭が減少し、相続財産も減少**
●贈与税は、相続時に相続税から控除されるが、譲渡所得税は控除されず、最終の納税負担は譲渡が不利
●遺留分は、相続10年前までの贈与株式は対象になるが、譲渡株式は対象外

持株会社への移動方法

●一定の条件を満たせば、株式移転・株式交換・株式交付とも資金負担・納税負担「0」で社長の持株を、
税務上、株主の取得簿価で移転できる
(注)株式交付は、同族会社への適用が令和5年9月末で終了
●株主数50名未満:子会社株式を売買していない場合は、旧額面での移動が可能
(注)贈与の場合、受贈者は贈与者の取得価額を引き継ぎます
●株主数が50名以上:移動価額は簿価純資産価額で、持株会社の株価上昇リスクあり
⇒移転を再検討する必要あり

個人間移動と持株会社への移動の実行順序

譲渡のケース

●持株会社の、税務上の、子会社株式の取得簿価が額面から譲渡金額に上昇
⇒株価が上昇するリスク

●株式移転・株式交換・株式交付により持株会社に移転後、個人間譲渡

贈与のケース

●受贈者は、贈与者の取得価額を引き継ぐ⇒税務上の、子会社取得簿価は上昇せず
⇒株価上昇リスクなし

●順序はどちらでも影響なし

5 従業員持株会に自社株を譲渡する

◉譲渡先によっては分散のリスクも

相続税や贈与税の納税負担を軽減するためには、社長の持株を譲渡するなどして持株数を減らすのが簡単な方法です。

ただし、譲渡先によっては、自社株が社外に流出したり、分散したりしてしまうリスクがあります。

そこで、このようなリスクを回避しながら、社長の持株数を減らす方法としておすすめなのが、従業員持株会を活用することです。

たとえば、社長が自社株を100％保有していた場合、50％を従業員持株会に譲渡すれば、社長の持株数は半分になりますので、相続税や贈与税が大幅に軽減されることになるのです。

社長が保有している自社株の評価額が10億円だった場合、50％を持株会に譲渡すれば、評価額は5億円になりますので、相続税や贈与税も半分くらいになるというわけです。

◉資金負担が少ないので買いやすくなる

通常、50％もの自社株を譲渡する場合、株価の評価は原則的評価となり高くなります。

しかし、譲渡先が従業員持株会の場合は、持株会のメンバーごとに同族株主の判定を行うことになるため、個々のメンバーの持株比率を30％未満にしておけば旧額面に近い配当還元価額での譲渡が可能になるというわけです。

これによって、社長に入る売却代金は大幅に減りますが、購入する側の従業員の資金負担は少なくて済むので、買いやすくなります。

さらに、売却する株については、「1割の配当優先権」を付け（任意）、「議決権のない株」にしておけば、社長の議決権は100％のままですので、これまでと変わらない経営ができるということになるのです。なお、役員持株会に譲渡する場合も同じ効果を得ることができます。また、持株会規約により、株式の分散を防止することができます（7章2項参照）。

従業員持株会に譲渡すれば、リスクを回避できる

社長の持株数が減ると、納税負担も軽減される

しかし、譲渡先によっては、社外流出や分散のリスクあり!

社長
100%保有

↓

従業員
持株会

リスク回避

- 従業員持株会への譲渡価格
  特例的評価(配当還元価額)
  (旧額面に近い)
- 「議決権のない株」にすれば
  社長の議決権は100%のまま
- 持株会規約により分散防止

6 みんなで経営する組織の株式保有の在り方

◉みんなで経営できる組織

昨今は、社員一人ひとりがやらされ感で働くのはなく、自分事として主体的に働くことのできる環境のある会社でなければ、優秀な人材は集まりにくい状況にあります。

これからの時代は、オーナー社長が会社を引っ張るピラミッド型の組織ではなく、よりフラットで現場の社員に権限と義務を持たせる**「みんなで経営する組織」**が望まれるでしょう。

社員が経営に参画するためには、役員の選任・解任、経営計画等の決定承認に関与できる必要があります。具体的には、大半の社員が株主として株主総会にて議決権を行使できることが不可欠になります。

当然、株主は多くなりますので、相続による株式の社外への分散、高値での買取請求等のトラブルが発生します。

◉1つの持株会で会社の株式を100％所有

持株会会員が相続、退社等の事態が生じた場合、持株会の規約により、持株会が強制的に一定の価格での買い取りが可能になるため、持株会の組織が最適と考えられます。

通常の持株会は、役員持株会と従業員持株会とに分けて管理するケースがほとんどですが、ここでは、役員社員が1つの持株会に所属することになります。別々の組織にすることは、みんなで経営に参画（役員の選任・解任等の決議に参加）する目的に反することになるからです。

◉同族株主のいない会社組織

すべての役員社員が同じ持株会に所属しますが、役員の持株数は社員の持株数より多くなります。

ただし、経営権を持つ株主はいませんので、各人の持株が高く評価されて相続税負担が生じないようにする必要があります。そのためには、各人またはグループの持株数を15％未満にすれば、配当還元価額（額面に近い価格）が適用されますので、相続税負担の心配はありません。

ピラミッド型組織からみんなで経営するフラット型組織への転換

- 社員一人ひとりが、チームとして、主体的かつクリエイティブに働くことのできる環境
- みんなで経営するとは、企業理念、経営計画、役員の選任・解任等の決定承認に関与する
- 大半の社員が株主として、株主総会において議決権を行使する

大前提

- トップと社員が、法律上の規範を超え、真に人類・地球に役に立つ理念を共有する
- トップと社員がフラットな組織に対する理解と自覚を有する
- 各部門の社員がチームとして、権限と責任を持つ

最適な株式保有形態

役員・社員が1つの持株会を通じて、100％の株式を保有

- 社員を含め、株主全員が、役員等の人事に関与できる
- 多数の株主による相続、退社時のトラブル増加リスクを、持株会規約により回避できる

各人の持株比率

各人の持株比率の上限15％未満　（注）親族関係者が株主の場合、グループ合計で15％未満

- 「同族株主のいない会社」に該当するため、グループの持株比率が15％以上の場合、同族株主と同様、原則的評価（純資産価額等）の高い株価が適用される
- 15％未満の場合、配当還元価額（旧額面に近い評価）が適用されるので、相続税負担はほとんどない

7 みんなで経営する組織の株式を平等に保有するケース

◉究極の持株会

前項で、みんなで経営する組織にふさわしい自社株保有形態として、1つの持株会で100％の株式を保有することについて説明しました。ここでは、ある会社を中心に関係する多数の個人が個人事業者として事業を展開しており、会社の株式を保有しているケースをお話ししましょう。

その会社の存続と、多数の個人事業者の存続とは運命共同体の関係にあります。中心にある会社の役員と関連する多数の個人事業者が、会社の株式を1つの持株会を通じて完全に平等に持ち分を有しています。

◉会社の役員人事は持株会で決まる

会社の役員は個人事業者の中から選任され、持株会を通じて平等の持ち分を有します。したがって、社長には経営権がありませんので、関係者全員の意向により決められ、2年ごとに交代することになります。

社長が2年ごとに変わると、一定の経営方針を継続することが難しくなるため、社長に限って最低3期6年間継続することにしています。もちろん、中途での解任はできるようにしてあります。

会社の経営方針とその後の実施状況については、全株主と共有するために、**持株会の総会を毎月実施**して、株主の意向を経営に反映しています。その結果、安定的な経営の維持継続が可能になっています。

株主数は50人で、1人当たりの持株比率は5％となるため、資本金1000万円の場合、各人の持株評価は20万円になり、相続税問題は生じません。

また、持株会は**直接課税対象にならず、会員が課税対象になります（パススルー課税）**。ある株主から不動産等を寄付されましたが、持株会の会員1人あたりの受贈額が110万円の範囲内であれば、非課税で寄付を受けられることになります。

みんなで経営する組織の株式を平等に保有する

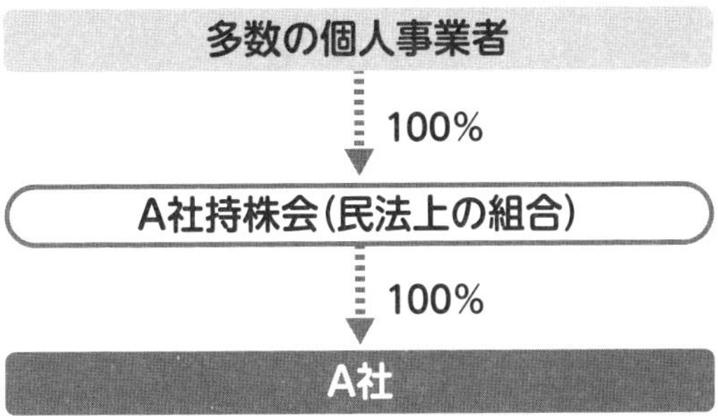

- 資本金1,000万円　発行株式数20,000株(持株会(組合)の共有財産)
- 持株会会員(株主)の持ち分は全て平等　@1／50=2%
- 個人事業者50人とA社は相互依存関係にあり、A社の取締役は、会員の中から、持株会の決議で選任・解任
- 安定的な経営継続のため、A社社長の任期は3期6年とするが、中途での解任も可能
- 会員全員の意向を経営に反映するため、持株会総会を毎月開催

各人の持分(持株)評価

「同族株主のいない会社」に該当し、各会員の持株比率は2%<15%未満

適用株価　⇒　配当還元価額(@500円)＊配当率10%
持株会会員1人あたりの持分の評価
20,000株÷50人=400株
400株×500円=20万円

持株会(組合)には、パススルー課税が適用され、「会員」が課税対象

持株会が寄付(贈与)を受ける場合

- 1人当たりの非課税枠110万円
- 持株会全体に対する贈与の非課税枠110万円×50人=5,500万円

株式以外の財産の寄付を受ける場合の非課税枠　5,500万円(毎年)

- 不動産を所有する場合には、持株会の目的に不動産所有を追加

8 オペレーティングリースを活用する

◉オペレーティングリースとは

オペレーティングリースは資金運用のひとつとして、また利益を平準化するための手法としてよく利用されています。そのしくみから、導入した初年度の利益が大きく減るので結果的に株価が下がることになります。

オペレーティングリースの方式は、投資家が匿名組合契約（出資により直接、事業収益の分配を受ける契約）により、匿名組合営業者である特別目的会社（リース事業に特化）に出資し、その会社がその資金を使ってリース事業を行うというものです。

特別目的会社が計上した事業収益の大半は直接、投資家に分配されるため、投資家の収益として課税されることになります。

このリースの流れは次の通りです。

①投資家が特別目的会社に出資し、この会社は必要に応じて金融機関から借入する。
②この会社で航空機を購入する。
③この会社で航空機を航空会社にリースする。
④航空会社からリース料を得て収益とする。
⑤収益を出資分に応じて投資家に分配する。
⑥リース終了時点で、航空機を中古市場で売却し、残金を投資家に還元する。

◉初年度に多額の減価償却費が計上できる

なぜ、利益の繰り延べができるかというと、リース料収入は一定の額で変化しない一方、減価償却費は初年度が最も大きな額になり、その後、徐々に減少していくからです。その結果、初年度は、収入金額を超える経費が最も大きいため、多額の赤字が計上されるわけです。数年後からは、減価償却費がリース収入を下回り、利益が出始め拡大していきます。

ただし、このリースを導入する場合の注意すべき点は左記の通りです。

・リース期間終了時に売却代金が入ってくるので、まとまった利益が発生する。
・リース期間が5年から10年と長いので、その間、資金が寝てしまい資金繰りを圧迫する恐れがある。

旅客機オペレーティングリースの例

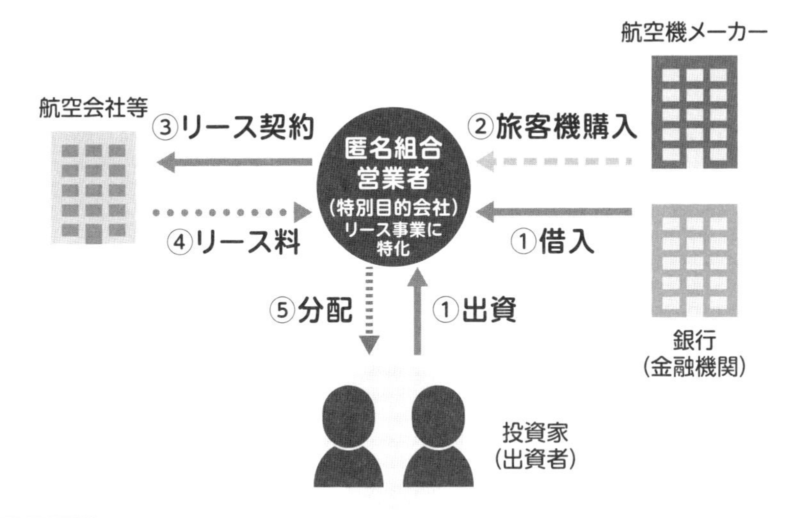

匿名組合 出資者が事業運営を営業者に任せ、分配金を受け取る契約

匿名組合営業者(特別目的会社)の収支状況

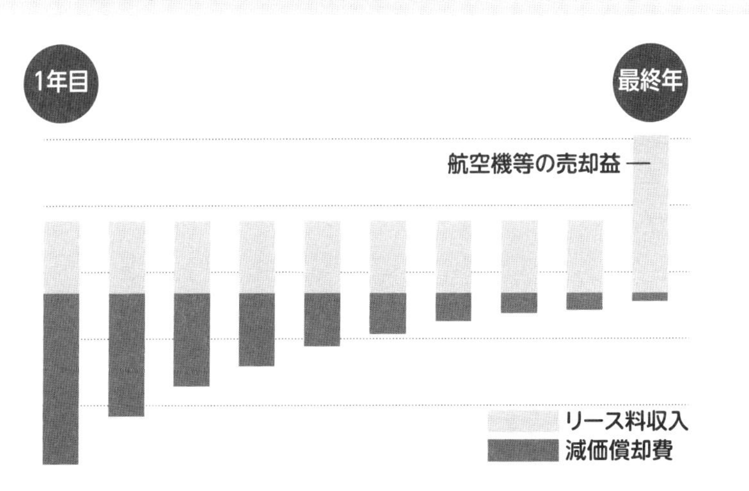

課税関係 匿名組合営業者(特別目的会社)から、投資家に事業損益が直接、分配される匿名組合契約のため、投資家の損益として課税される

9 設備投資を前倒しする

◉利益を圧縮して株価・贈与税を下げる

数年以内に設備投資を行う予定がある場合、それを前倒しで行うことで、利益も下がるので、自社株を安い価格で贈与することができます。

中小企業の設備投資については、税制面で優遇されており、現在次の3つがあります。

①中小企業経営強化税制

対象は主として製造業・建設業・小売業・卸売業・サービス業で、対象となる設備投資は、一定の「機械装置」「建物附属設備」「工具」「器具備品」「ソフトウェア」です（最も優遇されるが、適用要件は厳しい）。

中小企業等経営強化法の認定を受け、生産効率1%、設備投資効率5%の向上が見込まれる場合、即時償却（100%）または10%の税額控除（資本金3000万円超の企業は7%）が認められます。

②中小企業投資促進税制

対象は主として製造業・建設業・小売業・卸売業・サービス業で、対象となる設備投資は、一定の「機械装置」「工具」「ソフトウェア」等です。①の条件は満たさなくても一定の条件に該当した場合、30%の特別償却または7%の税額控除（資本金3000万円超の企業は控除なし）が認められます。

③中小企業防災・減災投資促進税制

対象は経営強化法の認定を受けた青色申告書を提出する中小企業者等で、対象となる設備投資は、一定の「機械装置」「器具備品」「建物附属設備」です。これらの条件に該当した場合、18%の特別償却が認められます。

◉大企業・中小企業が対象になる投資促進税制の創設

さらに2021年、大企業・中小企業を対象として、投資促進税制が創設されました（左ページ下図参照）。

①カーボンニュートラルに向けた投資促進税制

②デジタルトランスフォーメーション（DX）投資促進税制

中小企業の設備投資での税制優遇

	業種	対象資産	税制措置	適用期限
① 中小企業 経営強化税制	主として 製造業 建設業 小売業 卸売業 サービス業	一定の 「機械装置」「工具」 「器具備品」 「建物附属設備」 「ソフトウェア」 ●経営強化法の認定要 ●生産効率1%、設備投資利益率5%改善見込み	即時償却 (100%) または 税額控除10% (資本金3,000万円超の法人は7%)	2025年 3月31日
② 中小企業 投資促進税制	主として 製造業 建設業 小売業 卸売業サービス業	①の要件を 満たさない一定の 「機械装置」「工具」 「ソフトウェア」等 (器具備品は対象外)	特別償却30% または 税額控除7% (資本金3,000万円超は適用なし)	2025年 3月31日
③ 中小企業防災・ 減災投資 促進税制	青色申告書を提出する中小企業等 ●経営強化法の認定要	一定の「機械装置」 「器具備品」 「建物附属設備」	特別償却18%	2025年 3月31日

大企業・中小企業の設備投資での税制優遇

	業種	対象資産	税制措置	適用期限
① カーボンニュートラルに向けた 投資促進税制	製造業	「脱炭素化加速製品の生産設備」「省エネ脱炭素化設備」 ※中長期環境計画認定要	特別償却50% または 税額控除5%または10%	2024年 3月31日
② デジタルトランスフォーメーション(DX) 投資促進税制	主として 製造業 小売業	「ソフトウェア」 「繰延資産」 「機械装置」 「器具備品」 ※事業適応計画の認定要	特別償却30% または 税額控除3%または5%	2025年 3月31日

10 M&Aを活用する

◉M&Aの5つのメリット

会社の資金流出が問題になるのは、社長が自社株を後継者に贈与または相続した際、後継者が贈与税または相続税を払えずに会社が納税資金を負担するケースです。したがって、後継者がいない場合、このような資金流出の問題は生じないのですが、会社をどうするかという問題が出てきます。

その場合の選択肢は主に次の4つです。

①廃業（解散、業種転換）
②M&A（第三者に株式を売却）
③MBO（自社の役員に株式を売却）
④株式公開

この中で、多くの社長が考えがちなのが廃業ですが、廃業を決める前に検討すべきなのがM&Aです。M&Aには次の5つのメリットがあります。

①従業員の雇用を守り、顧客を守り、会社を守ることができる
②通常は、社長の連帯保証や担保提供がなくなる
③株式を売却することで、株主は現金収入を得ることができる
④会社の解散により残余財産が株主に配当される場合は配当所得となり、総合課税で最高約50%課税されるのに対し、M&Aの場合は株の譲渡益に対する20・315%の分離課税だけで済むので税金面で有利
⑤業績の良い会社は営業権が加算され、高く売れる

◉M&Aの2つのデメリット

その一方でM&Aにもデメリットが2つあります。

1つは秘密が漏えいしてしまうと、社員の不安が増大し、退社のリスクが高まるほか、経営不安の噂が流れ、営業不振に陥る可能性があることです。

もう1つは、企業風土が大きく違っていると、従業員のモチベーションが低下するということです。

なお、M&Aを行う場合、自社株が分散してしまっていると買収するほうは嫌がりますので、事前に分散している株を社長が集めておく必要があるでしょう。

M&A(Mergers and Acquisitions)とは?

企業の合併・買収の総称で、事業承継においては概ね、外部資本(第三者)が株式を買取り、事業を継続する行為をいう。

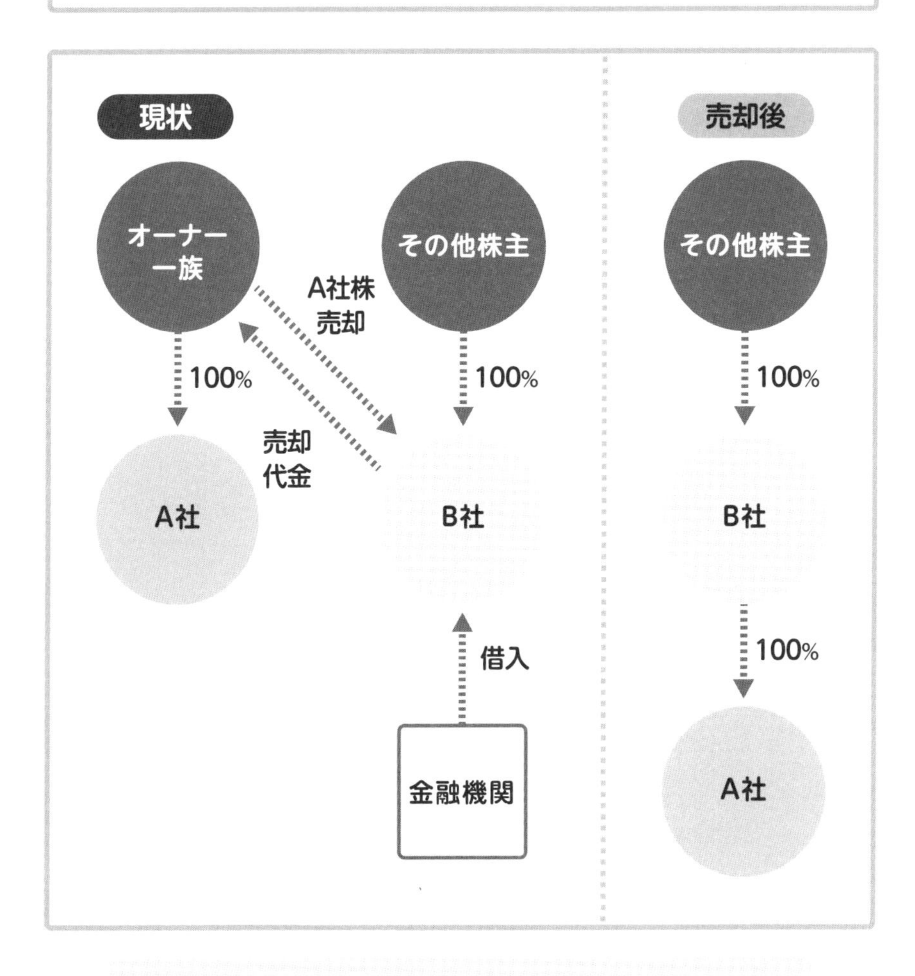

社長の年齢が70歳代であっても、42.3%の企業で後継者が未定

※参照:帝国データバンク「2017年後継者問題に関する企業の実態調査」2017年11月28日

11 会社の値段はどうやって決まるのか？

◉時価純資産＋営業権で評価する

企業価値のうち株主価値を算定するのに最も理論的なのはDCF法（事業から生まれる将来のキャッシュを現在価値に引き直す方法）です。ただし、これは将来の利益計画に恣意性が入りやすく評価が一定しないため、中小企業のM&Aで使用されることは多くありません。そこで、売るほうも買うほうも理解しやすいという点でよく使われるのが「**時価純資産＋営業権**」による算定です。

◉時価純資産を評価する

時価純資産は、すべての資産と負債を実態に合わせ時価で評価し直して算出します。

①資産の部については、「売掛金・受取手形」から回収不能債権を減額、「貸倒引当金」は評価しない。「棚卸資産」は不良在庫を減額、「有価証券」は上場株は市場価格、その他は簿価、「土地、建物」は固定資産税評価、「保険金」は解約返戻金に置き換える。

②負債の部については、「賞与引当金、退職給与引当金」は引当不足加算、「役員退職引当金」は確定分のみ。

◉営業権を評価する

営業権は、過去3年間から5年間の平均「税引後利益」をもとに、3〜5年分で計算するケースが多く見られます。なお、税引前の利益を使う場合もあります。

利益の何年分にするかは当然、景気動向、業種、企業の収益予想により異なるので、まずは交渉のたたき台として利用し、落としどころを模索することになります。買う側にとってはリスクの高い投資でもあり、変化の激しい状況下では5年で回収できないと難しく、税務上も営業権は5年均等償却が認められています。

資産と同様、利益も、過大な役員報酬や非経常的な損益がある場合には実態の収益に調整します。M&Aを検討する場合には、節税による利益減少が企業価値を引き下げることになるので注意が必要です。

たとえば、税引後利益が3000万円で、時価純資産が3億円、税引後利益の3年分を営業権とすると、企業価値は3・9億円となります。

企業価値（株主価値）の算定方法

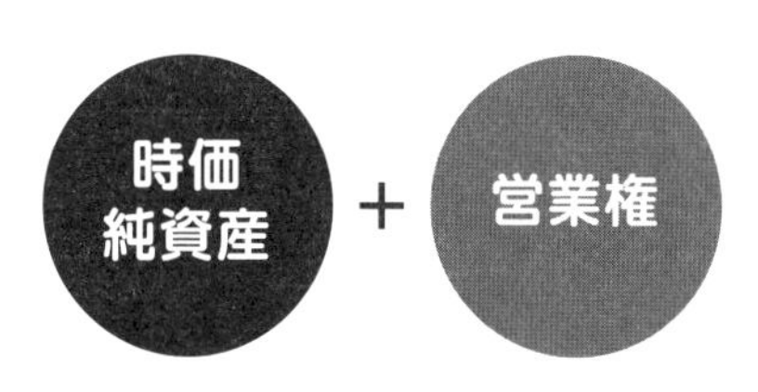

- 時価純資産 ＝ 時価総資産 － 時価総負債
- 営業権 ＝ 税引後利益の数年分

例 時価純資産3億円で、税引後利益が3,000万円の会社の営業権が、税引後利益の3年分の評価になった場合の株式100%の売却価格

▼

3億円 ＋ 3,000万円 × 3 ＝ 3.9億円

節税対策は要注意

利益が減ると、営業権の評価が下がり、企業価値が減少するリスクがある。

12 MBOを活用する

◉資金力がなくても買取が可能

MBOとは、経営陣（役員）が自社株を買取り、オーナー経営者として独立することです。

身内に後継者がいない場合で、役員による承継を希望する場合の事業承継の選択肢のひとつといえます。

MBOを活用した事業承継の流れは次の通りです。

①オーナー一族が自社（A社）の株式を100%保有している（株式が分散している場合は買取るなどして整理しておくことが望ましい）。

②A社の株式を買取る目的で、後継者となる役員が会社（B社）を設立する。

③A社の株式を買取るための資金を、B社が銀行から借り入れる。

④B社がオーナーからA社の株式を100%買取る。

⑤B社がA社の株式を100%保有し、A社を子会社化する。

このようにすることで、資金力のない役員でもA社の株式を買取ることができるというわけです。

◉MBOができるのは資金力のある会社

しかし、B社は銀行から借りたお金をどうやって返済していくのか、疑問に思った人もいるのではないかと思います。

これについては、B社はA社から配当を受け取ることになりますので、そこから返済することになります。

しかも、B社がA社の株を100%保有し子会社化することで、B社がA社から受け取る配当金は課税されないため、返済原資を確保しやすくなるというわけです。

しかし、A社に収益力がなく、配当が出せないような場合は、MBOは難しくなります。また、A社が借入過多の場合は、B社が銀行からお金を借りられなくなりますので、この場合もMBOは難しくなります。

逆にいうと、MBOができるのは、借入が少なく、現預金がたくさんあって、収益力のある会社くらいだといえるでしょう。

MBO(Management Buyout)とは?

経営陣(役員)が自社株式を買取り、オーナー経営者として独立することをいう。

従業員が株式を譲り受ける場合は、EBO(Employee Buyout)と呼称される。

メリット

①事業を熟知した経営陣に自社株を譲渡するため、安心して株を手放すことができる。
②従業員の雇用が守られ、企業風土も守られやすい。
③社長は自社株を譲渡することで、自社株を換金することができる。

デメリット

①株式の購入資金を金融機関から借り入れる場合、後継者となる役員は、個人保証や担保設定を要求されることが多い。
②複数の役員が共同経営者になる場合、買取会社の持株比率を平等にするとトラブルになるリスクが高い。

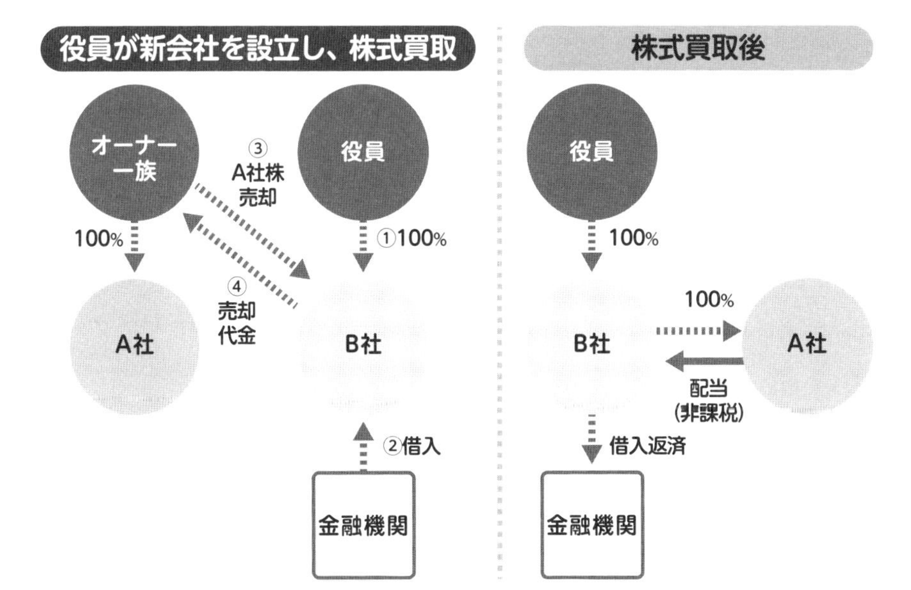

13 中小企業投資育成株式会社を活用する

◉原則、経営陣の判断が尊重される

中小企業投資育成株式会社（以下、投資育成会社）とは、「中小企業投資育成株式会社法」に基づき、中小企業の自己資本の充実と健全な成長発展を支援する目的で設立された準公的な投資機関です。

この投資育成会社から投資を受けられるのは、投資前の資本金が3億円以下の企業ですが、投資を受ける場合は第三者割当増資が原則で、議決権の50％を上限として新株を発行することになります。このときの新株引受価額は相続税評価額よりも低いため、増資後の株価は下がり、後継者への自社株承継の税負担が軽減されるメリットがあります。

また、増資による資金調達のため、返済や担保提供の必要はなく（一定の審査あり）、安定株主の確保や自己資本が増加するというメリットもあります。さらに、準公的機関が株主となるため、対外的な信用力が増加するというメリットもあるでしょう。

ちなみに、投資育成会社は原則として経営陣の味方として経営陣の経営判断を尊重してくれます。したがって、自社株が分散し、オーナーの持株比率が50％を切っているような場合は、投資育成会社の投資を受け入れることで、オーナーの味方をしてくれる安定株主になるので、合わせて過半数にすることが可能なのです。

◉安定的な配当のプレッシャーも

ただし、増資によって資本金が1億円を超えると、税務上の大企業になるので、注意しましょう。

また、投資育成会社から、継続的に10％ほどの安定的な配当が期待されますので、プレッシャーは大きなものになるでしょう。

ちなみに、東京中小企業投資育成株式会社の場合、平成25年9月時点で900社に出資し、そのうち85％の企業が配当を実施しているそうです。

さらに、定時株主総会の前には、投資育成会社に対して決算内容の開示と説明が必要になるため、事務的な負担が大きくなるといえるでしょう。

オーナーが自社株を100%保有しているケース

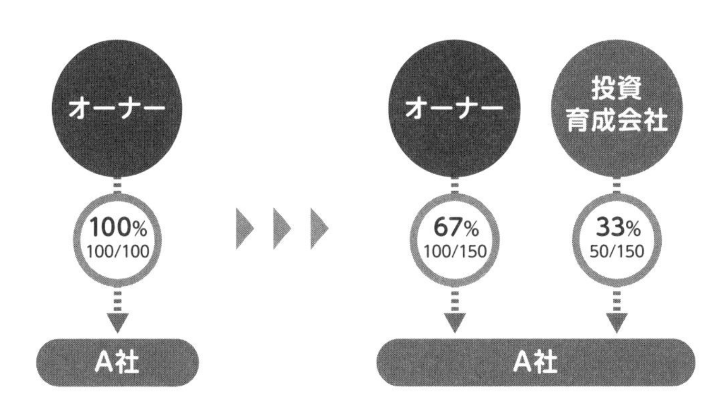

オーナーが自社株を40%しか保有していないケース

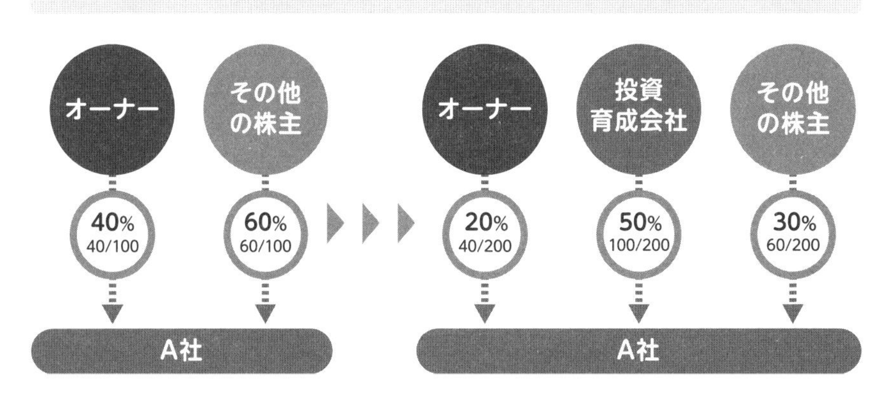

オーナー ＋ 投資育成会社で70%を保有

COLUMN 9

親族から持株を買取る際の価格決定は慎重に

親族から持株を買取る場合や、自社株承継に係る遺留分算定の場合には特に配慮が必要です。

分散株式の抜本的な対策は買取ることですが、話し合いがうまくいけば、相続税法上の株価で後継者が買取ることも可能になります。万が一もめた際には、会社で法人税法上のより高い株価で買取るか、場合によっては、自社株の評価が裁判所に委ねられる結果、最も高い株価が適用されてしまう可能性があります。それは、以下のようなケースです。

①強制的に会社が買取る場合の株価

②遺留分の算定のための基礎となる株価

③組織再編等に対する反対株主からの買取請求に適用される株価

親族からの買取り、遺留分算定の場合には、最低でも相続税法上の原則的評価になります。少数株主の場合は、配当還元価額がベースになります。ところが、③の合併、会社分割、株式移転・交換等に反対する株主からの買取請求が法的な手続きによりされた場合には、少数株主であっても、社長親族と同様に「公正な価格」で買取することになり、原則的評価以上の株価が適用されます。もちろん協議がまとまればよいのですが、物別れになった場合には、裁判所でさらに高い株価が適用されてしまいますので、注意が必要です。

したがって、親族はもちろん、その他非同族からの持株買取等の価格については、できる限り話し合いにより決定できるよう、常日頃からお互いのコミュニケーションを図っていくことが望まれます。

10章

こんな会社は要注意！自社株トラブルよくあるケース

1. 役員2人で50%ずつ株式を持っている
2. 社長が50%、2人の取締役が50%保有している
3. 持株比率3分の1超の資本提携をしている会社がある
4. 株式の持ち合いをしている会社がある
5. 個人で自社株を直接保有している
6. 役員および社員に自社株を持たせている
7. 取締役解任の普通決議条件を厳しくしていない
8. 自社株についての遺言がない
9. 遺言について事前に子供の了解を得ていない
10. 監査役がいない、または業務が限定されている
11. 自社株が分散し非協力的な問題株主が存在している

1 役員2人で50％ずつ株式を持っている

◉敵対関係になると何も決められなくなる

友人と2人で半分ずつお金を出し合って会社を設立した人たちからよく聞くのが、株式は平等に50％ずつ持っているという話です（兄弟もしくは親族で50％ずつ持っている場合も同じです）。

これは一見、平等で良いことのように思えるかもしれませんが、実はこのやり方には大きな落とし穴があることに、多くの人たちは気づいていません。

その落とし穴とは、2人の意見が対立し、敵対関係になったような場合、株主総会で決議する事項については、何も決められなくなってしまうということです。

たとえば、剰余金の処分や配当をどうするかという問題も、過半数の賛成、すなわち敵対している相手の賛成がなければ決められませんし、資本金の増額や定款の変更、会社の吸収合併といった問題も、敵対する相手の賛成がなければ決められなくなってしまうのです。

それならと、新株を発行して自分の持株比率を高めようとしても、新株発行の決議ができませんし、相手を辞めさせようにも、役員の解任決議もできません。

こうなると、重要なことが何も決められなくなり、会社の経営が行き詰まってしまいます。そこで、もはや会社を解散するしかないということになるわけですが、実は会社の解散も株主総会の決議事項なので、これも相手の賛同が得られなければ決められないという事態になってしまうのです。

◉敵対関係になる前に過半数を確保しておく

では、このような場合、どうすればいいのか？

敵対関係になる前に、相手の株式を買取るなり、増資するなりして、どちらかの持株比率が過半数になるようにしておくことです。

その前に敵対関係になってしまった場合は、裁判所に解散請求の訴えを起こし、裁判所に解散命令を出してもらって解散するしかありません。会社存続に問題があると判定された場合は、解散命令が出されることになります。

役員が50%ずつ株式を持っているケース

関係が良好な場合は問題ないが、
ひとたび関係がこじれると……

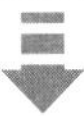

何も決められなくなる

×剰余金の処分や配当について
×資本金の増額
×定款の変更
×会社の吸収合併
×新株発行
×役員の解任決議

会社の経営が行き詰まる

会社を解散するしかない

解散も独断では決められない

裁判所に解散請求の訴えを起こす

会社存続に問題があると判定された場合、裁判所が解散命令

2 社長が50%、2人の取締役が50%保有している

◉社長VS専務+常務

3人で創業した会社（取締役会あり）の中には、社長が50%、専務が30%、常務が20%という持株比率の会社もたくさんあります。

このような会社の場合、3人が協力している間は問題が生じません。しかし、意見の相違が生じ始め、3人の仲が険悪な状態になり、社長の方針に専務と常務が異議を唱えるようになると……。

◉**取締役は解任されないが、社長は解職されてしまう**

ある会社では、社長が専務と常務の解任を検討しましたが、解任するには株主総会で過半数の賛成が必要なため、解任できませんでした。

そこで、社長は新たな取締役の選任を検討しましたが、取締役の選任も株主総会で過半数の賛成が必要なため、これもできません。

そのうち、専務と常務から、取締役会で代表取締役社長の解職と専務の社長就任の動議が提出され、2対0で社長の解職（解職される社長は議決権なし）、2対1で専務の社長就任が決議されたのです（社長の選定には当事者も議決権あり）。

ちなみに、取締役の解任は株主総会で過半数の賛成がないとできませんので、元社長が50%の株式を保有している限り、取締役を解任されることはありません。

こうして専務が社長に就任したわけですが、会社の運転資金として借入をしていた取引銀行から、「前社長の経営手腕や個人財産を裏付けとした保証に基づいて融資に応じていたので、社長交代になるなら、融資の継続は困難」との説明がありました。

そこで、元専務は社長を続行することを断念し、常務とともに退社することになりました。

ただし、その代わりに自分たちの持株を時価で買取るよう請求してきたため、会社は時価で持株を買戻すことに。その結果、多額の資金が流出してしまいましたが、社長の議決権割合は１００%になったため、新たに取締役を選任し、新体制で経営に専念できるようになったのでした。

社長が50%、2人の取締役が50%ずつ株式を持っているケース

社長 50%　取締役 25%　取締役 25%

反省点

①当初から社長が過半数の持株を確保していれば、社長一人の意思で、取締役の選任・解任が可能となり、経営権争いは生じなかった。

②他の取締役に持株を持たせすぎたため、退社時に多額の株式買取資金が流出することになった。

③取締役会設置会社でなく、「取締役会非設置会社」にしておけば、代表取締役の選定を株主総会とすることができたので、50%の持株比率であっても社長を解職されることはなかった。しかし、社長に経営権がなかったことが基本的な問題であった。

④さらに、取締役会設置会社の場合は最低3名の取締役が必要となるため、多数決の原理が働いたが、「取締役会非設置会社」にしておけば、取締役は最低1名でも認められるので、取締役を社長1名にし、専務、常務は執行役員としておくことも可能であった。

代表取締役の選定の流れ

1. 取締役会設置会社

取締役選任（3名以上） 株主総会 過半数の賛成 ▶ **代表取締役選定** 取締役会 多数決

2. 取締役会非設置会社

取締役選任（1名以上） 株主総会 過半数の賛成 ▶ **代表取締役選定** 株主総会 過半数の賛成

3 持株比率3分の1超の資本提携をしている会社がある

◉持株比率が3分の1超だと特別決議が否決される

中小企業の中で技術力のある会社の場合、大企業から資本提携の申し出を受けることが多々ありますが、その際、資本の受入比率によって経営に対する影響度合が異なってきます。

持株比率が3分の1（33・4％）超の場合、先方が反対すると株主総会の特別決議が否決されます。組織再編、事業譲渡、第三者割当増資、定款変更、特定株主からの自己株式取得などの重要事項は、先方の賛成がないと決議できません。また、これだけの持株比率になると取締役を送り込まれるのが一般的です。

また、上場会社からの資本を受け入れた会社は、上場会社の実質子会社とみなされるケースが多くなり、上場会社の連結決算上も、受け入れた会社の業績の33・4％は連結対象となります。

関係がうまくいっている間は特に問題はありませんが、うまくいかなくなった場合やこちらのメリットが喪失した場合は資本提携を解消することになります。

◉3分の1超の会社との提携を解消することは不可能

資本提携の解消方法は、次のように5つあります。

①持株を買戻す
②第三者割当増資により先方の持株比率を引き下げる
③他の会社と合併し持株比率を引き下げる
④株式交換、共同株式移転により持株比率を引き下げる
⑤主要な事業を会社分割や譲渡により他社に移転

ところが、持株比率が3分の1超の場合は、このいずれの方法でも提携解消は不可能なのです。

なぜなら、①は先方が売却を拒否すれば不可能ですし、②〜⑤は株主総会の特別決議の対象となり、反対されれば決議が否決されてしまうからです。

結局、3分の1超の資本を受け入れてしまうと、その会社との提携解消は不可能になりますので、資本提携する場合は3分の1以下から始めることです。また、資本提携時、株主間契約で解除できる要件を決めておくことも重要です。

資本提携している会社があるケース

持株比率が3分の1（33.4%超）の場合

- 株主総会の特別決議が否決される（組織再編、事業譲渡、第三者割当増資、定款変更など）
- 取締役を送り込まれる
- 連結決算の対象になる（資本提携先のグループ企業になる）

資本提携を解消する5つの方法

①持株を買戻す

②第三者割当増資により先方の持株比率を引き下げる

③他の会社と合併し持株比率を引き下げる

④株式交換、共同株式移転により持株比率を引き下げる

⑤主要な事業を会社分割や譲渡により他社に移転

持株比率が3分の1超の場合、提携解消は不可能

- 資本提携する場合は3分の1以下から始めること
- 株主間契約で提携解除ができる要件を決めておくこと

4 株式の持ち合いをしている会社がある

◉相手の会社が倒産すると自社株が流出してしまう

世の中には株式の持ち合いをしている会社もたくさんあるわけですが、このようなケースの場合は、持ち合い先の会社が倒産した際、先方が保有している自社株が第三者に流出してしまうというリスクがあります。

会社が倒産した場合、債権者は倒産した会社の財産を差し押さえ、競売にかけるなどして債権を回収しようとします。

また、倒産した会社が国税を滞納していた場合も、財産が差し押さえられ、公売にかけられることになります。競売や公売にかけられると、自社株が誰に取得されてしまうかわかりませんので、できれば自ら競売や公売に入札して、取り戻したほうがいいでしょう。

◉倒産する前に買戻しておく

では、第三者に自社株を取得されてしまった場合はどうなるのでしょうか？

取得者が株主としての権利を行使するためには、会社に譲渡承認請求をする必要があります。

この譲渡承認請求を拒否することもできますが、相手から自社株を買取る必要が生じます。具体的には、譲渡承認しない旨の通知をし、誰が買取人になるかを決定して相手に通知します。そして同時に、1株につき簿価純資産価額に相当する現金を供託所に供託した上で、買取価格について協議し、話がまとまらない場合は裁判所に決定してもらうことになります。

ちなみに、買取通知後20日以内に裁判所に申立てをしない場合は、自動的に買取価格は簿価純資産価額になります。

なお、譲渡承認請求日から2週間以内に回答しない場合は譲渡を承認したことになりますし、買取しない場合も譲渡を承認したことになるので注意が必要です。

できれば、持ち合い先の会社に倒産気配があった時点で、こちらから自社株の買戻しを申し入れ、第三者の手に渡る前に買戻しておいたほうがいいでしょう。

株式持ち合いのリスク

持ち合い先の会社が倒産した際、
先方が保有している自社株が第三者に流出

▼

競売や公売にかけられたら、自ら入札して取り戻すこと

第三者に自社株を取得されてしまった場合

①取得者が譲渡承認請求をしてくる

- 2週間以内に回答しないと承認したことになる

②請求を拒否した場合は、自社株を買取る必要が生じる

- 譲渡承認しない旨を通知
- 1株につき簿価純資産価額に相当する現金を供託所に供託
- 買取価格について協議

▼

話がまとまらない場合は裁判所に決定してもらう

買取通知後20日以内に裁判所に申立てをしない場合は、自動的に買取価格は簿価純資産価額となる。

5 個人で自社株を直接保有している

自社株は、社長個人で直接保有しているケースが圧倒的に多く見られますが、それには次のリスクがあります。

◉自社株の直接保有のリスクとは何か

1つめは、会社の儲けによる自己資本の増加や株価の上昇と100%連動して、**社長の個人財産の増加につながる**ことです。その結果、社長個人の相続税が上がり、最終的には会社の資金負担の増大につながります。つまり、会社が儲かることは、会社の資金流出を増やすことになってしまう、ということです。

2つめは、社長の直接保有により自社株が相続・贈与の対象になって、親族に分散し、**株主の人数が増える**ことです。経営参画意識の高揚のため、役員や社員に株式を持たせることがあれば、自社株はさらに分散してしまいます。

株式分散に伴うリスクとしては、経営権の弱体化、株主権の濫用、経営効率の低下があげられます。具体的には、社長の持株比率低下により、単独で株主総会において重要事項を決められない、親族からの株式買取請求による会社の資金流出、種々の重要情報が社内外に流出、大勢の株主に対する通知等の負担増加による経営効率の低下などが生じてきます。

◉持株会社を活用することでリスクを軽減できる

このような場合には、株式移転などの方法により、同じ株主構成の持株会社を設立し、自社をその100%子会社とすることです。その結果、自社の株主は全員持株会社の株主に置き換わり、次の効果が出てきます。

1つめは、株価上昇が100%個人財産の増加に連動しないようにすることができ、会社の資金流出の軽減ができるようになります。

2つめは、自社の株主は持株会社1社となるため、自社の株式は相続対象外となり分散防止が可能となるほか、社長の経営権が強化され、持株会社の株式が分散しても、株主は自社の経営に直接タッチできないので株主権濫用リスクの軽減になります。

自社株を社長個人で直接保有するリスク

①会社が儲かる＝株価上昇＝個人財産増加＝相続税増加＝会社の資金流出増加

②自社株が相続・贈与の対象になる＝株式分散＝社長の持株比率低下
- 後継者の経営権弱体化
- 利益配当等経営に対する要求、種々の議事録等の閲覧要求
- 反対株主等の自社株の買取請求
- 株主の増加にともなう通知等の煩雑化

持株会社の活用でリスク軽減

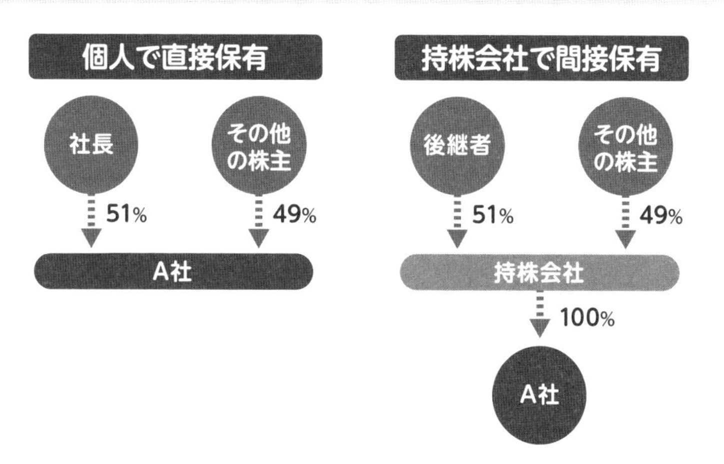

	個人で直接保有	持株会社で間接保有
株価上昇と個人財産	自社の株価上昇＝100%個人財産増加	自社株が持株会社の株式に置き換わり自社の株価上昇≠個人財産の増加
株式分散	相続等による分散防止は困難	自社の株式は相続対象外、分散しない
後継者の経営権	取締役選任・解任は単独でできる 重要事項は単独で決議できない	持株会社の取締役は全員社長が選任できる 重要事項は、社長単独で決議できる
その他株主の権利	自社の経営に直接タッチできる	自社（子会社）の経営にタッチできない

6 役員および社員に自社株を持たせている

◉役員や社員に自社株を持たせた場合のトラブル例

中小企業の中には、経営参画意識の高揚を図る目的で、あるいは相続税対策として、非同族の役員や社員に自社株を保有させている会社がたくさんあります。このような場合、役員や社員の退任・退職時に、自社株を巡ってトラブルになることが多いのです。

主なトラブルは、次の4つでしょう。

1つ目は、自社株が返還されないケースです。

2つ目は、返還には応じるものの、額面でなく、高値での買取を希望してくるケースです。

3つ目は、役員、社員が死亡した場合に、譲渡制限があっても、相続は譲渡に該当しないので相続財産として遺族のものになるため、会社は名義書換を拒否できないことです。

その結果、遺族から高値での買取請求に発展するケースがあります。特に、役員の場合には、会社の経営責任の一端を担っていたため、買取価格は一般の社員に比べて、高くならざるを得ないことになります。

4つ目は、買取に応じない場合、自社株は相続によって永遠に外部に分散し続け、顔の見えない株主が増加することで経営上のリスクが増大することです。

◉トラブルを回避する3つの方法

このようなトラブルを回避するためには、主に3つの方法があります。

1つ目は、**持株会を作り、役員、社員は持株会の会員として間接的に自社株を保有するようにし、規約により一定の価格で強制買取を可能にする**ことです。

2つ目は、**定款に売渡請求ができる旨を定め、会社が遺族から強制的に買取ができるようにする**ことです。ただし、買取価格については協議の上、決定することになります。

3つ目は、**普通株式から、強制的に一定の条件、一定の価格で買取ができる取得条項付種類株式に転換しておく**ことです。

役員や社員に自社株を持たせる場合は、事前にこのような手を打っておきましょう。

役員や社員に自社株を保有させている会社の問題点

退任・退職時に生じるトラブル

①自社株が返還されない。

②返還には応じるものの、高値での買取を要求してくる。

③役員、社員が死亡した場合、自社株は相続され、遺族からの名義書換を拒否できない。遺族から買取を要求された場合、役員の株は一般社員に比べて高値で買取らざるを得ない。

④買取に応じないと、相続によって自社株が外部に分散し続け、顔の見えない株主が増加する。

トラブルを回避する3つの方法

①持株会を作り、規約により強制買取ができるようにする。

②定款に売渡請求権を定め、会社が遺族から強制買取できるようにする。

③強制的に買取ができる取得条項付種類株式に転換しておく。

方法	強制買取価格	効力発生要件
持株会	事前に決められる	持株会規約により 自動的に買取
定款に基づく売渡請求	遺族との協議で決定。 不調の場合、裁判所	相続があったことを 知った日から1年以内に 株主総会特別決議
取得条項付種類株式	事前に決める必要	退任・退職により 自動的に買取

7 取締役解任の普通決議条件を厳しくしていない

◉以前に比べて取締役を解任しやすくなった！

現在の会社法が施行される前の商法時代には、取締役を解任するための条件は株主総会の特別決議でした。つまり、3分の2以上の賛成が必要だったため、取締役を解任することは難しかったのです。

ところが、会社法施行後は、普通決議（過半数の賛成）でできるように変更されたため、以前に比べて解任しやすくなりました。

さらに、株主総会の成立要件である定足数は、議決権を所有している株主の過半数の出席（委任状も含む）が原則ですが、定款で3分の1まで引き下げることが可能になりました。つまり、以前に比べて取締役を解任しやすい環境になったというわけです。

◉後継者の持株比率が50％未満の場合は要注意！

創業社長の場合は持株数が少なくても、社長を解任されることはほとんどありません。

しかし、後継者の場合は、持株数が50％未満の場合、以前に比べ解任されやすくなっています。

たとえば、後継者の持株比率が40％の場合、以前の特別決議の場合は、後継者が反対すると特別決議が可決されないため、解任されることはありませんでした。

しかし、普通決議で解任できるようになった今、後継者の持株比率が40％しかないと、過半数の賛成によって解任されてしまうのです。したがって、創業社長の持株比率が過半数を切っている場合は、まずは過半数に引き上げ、さらに後継者の議決権比率が低下しないようにすることが大切です。

また、定足数については、簡単に株主総会が成立しないように、取締役解任の場合は「過半数」のままにしておくことが無難でしょう。

取締役解任の条件を厳しくしておくと、問題のある役員が出てきた場合に解任しにくくなるというデメリットもありますが、後継者自身の持株比率が低い場合は、自分が解任されないことを優先したほうがいいでしょう。

取締役の解任要件

商法時代

- 株主総会の特別決議（3分の2以上の賛成）
- 定足数は過半数

会社法施行後

- 普通決議（原則、過半数の賛成）
- 定足数は定款で3分の1まで引き下げ可能

後継者の持株数が50%に達していないと、解任される可能性がある

創業社長の持株比率が過半数を切っている場合、まずは過半数に引き上げてから承継する

取締役解任の場合の定足数は「過半数」としておく

取締役解任要件における普通決議と特別決議の比較

	取締役解任の要件	
社長の持株比率	普通決議	特別決議
1/3超～50%未満	取締役を解任される	● 取締役は解任されないが、社長は解職される ● 任期満了後、取締役に選任されない
50%	● 取締役は解任されない ● 社長は解職される（取締役会設置会社の場合） ● 新たな取締役が選任されないので、取締役は全員続行	
過半数～2/3未満	社長単独で全員の取締役の解任・選任ができる	● 任期満了までは造反取締役を解任できない ● 任期満了後は、社長が造反取締役を除き全員の取締役の選任ができる

8 自社株についての遺言がない

◉遺言がないと後継者が社長の座を追われることも

オーナー社長の中には、遺言を残さずに亡くなってしまう人もいます。そのような場合、残された相続人はオーナー社長の遺産をどのように分けるかを話し合う遺産分割協議を行うことになります。

仮に相続人が配偶者と長男と次男の3人で、長男が会社を継ぐことになっていた場合、本来であれば自社株は長男がすべて相続するのが望ましいといえます。

しかし、オーナー社長の財産構成上、自社株の割合が高いケースが多いため、自社株をすべて長男に承継させると、長男の取り分が極端に多くなってしまいます。

そこで、誰かが法定相続分通りに分けたいと言い出せば、自社株も含めてその通りに分割せざるを得なくなり、この場合であれば、配偶者が2分の1、長男と次男が4分の1ずつになり、長男の持株比率は過半数を大きく割り込むことになってしまうのです。

その結果、父親の跡を継いで社長になった長男は、独断では何も決められなくなるため、経営が不安定になります。それだけならまだいいのですが、弟が役員として会社に入っていた場合は、経営権争いに発展する可能性も十分考えられるのです。

◉遺言があれば分割協議書にハンコは要らない

そこで、長男は母親と弟が相続した自社株を、株式分散防止のために自社で買取らざるを得ないケースも出てきます。また、母親や弟から、自社株の買取請求があった場合には買取を検討しなければならないため、会社の資金が流出することになります。

この場合、相続時の株価評価よりも、自社に売却する場合の株価評価のほうが、高くなるのが一般的です。

さらに、分割協議でもめた場合、協議がまとまるまでの間は共有財産となるため、株主総会の開催が困難になることもあるのです。

だから、自社株をすべて後継者に相続させるという遺言が大事なのです。遺言があれば、分割協議書にハンコは要りません。ただし、遺留分侵害額の請求リスクがあるので注意が必要です（詳しくは次項）。

遺言を残さずにオーナー社長が亡くなると……

社長が死亡

遺族間で遺産分割協議を行う

誰かが法定相続分通りに分けたいと言い出せば、
自社株も含めてその通りに分割せざるを得なくなる

例　遺族が配偶者、長男（後継者）、次男の場合、配偶者が2分の1、長男と次男が4分の1ずつ

- 長男（後継者）は独断では何も決められなくなるため、経営が不安定になる
- 経営権争いに発展する可能性もある
- 長男は母親と弟の自社株を買取らざるを得なくなり、会社の資金が流出
- 分割協議でもめた場合、株主総会の開催が困難になることも

「自社株をすべて後継者に相続させる」という遺言が大事!

9 遺言について事前に子供の了解を得ていない

◉遺留分に注意！

前項で「自社株をすべて後継者に相続させるという遺言を作っておくことが大事だ」と書きましたが、実はそれだけでは後継者に自社株を100%相続させることができないことがあります。

理由は、「遺留分」があるからです。

これは相続人の権利を守るためのもので、「すべての財産を長男に譲る」と遺言で書いても、相続人には法定相続分の2分の1の権利があり、遺言よりも優先されると法律で定められています（ただし、被相続人の兄弟には権利がありません）。

したがって、たとえばオーナー社長が亡くなり、相続人が配偶者と長男と次男の3人で、相続財産がほぼ自社株だけだった場合、遺言に「長男にすべての自社株を相続させる」と書いておいたとしても、配偶者には4分の1、次男には8分の1の遺留分があるので、遺留分侵害額の請求をされると、長男はその分（2人合わせて8分の3）のお金を払わなければならないのです。

◉親は後継者以外の子供に言い含めておく必要あり

さらに、遺留分の算定をする場合、過去10年間に贈与されたものも対象になり、その評価額は贈与時ではなく、相続時の時価で算定されることになります。

ですので、株価が安いときに後継者に贈与しても、相続時の時価が高くなっていると、それが相続財産に上乗せされ、遺留分の金額も増えることになります。

そうなると、後継者は相続税に加え、遺留分を払うための資金を調達するために、自社株を換金せざるを得なくなるので、多額の会社の資金が流出してしまいます。

したがって、オーナー社長は遺言に加え、あらかじめ子供たちの了解を得て、遺留分侵害額の請求をしないように、自社株以外の資産を増やすなどの対策を講じましょう。持株会社への持株売却や、生前退職金（社長を辞める必要あり）の支給は現金資産を増やすのにも有効な方法です。

遺言があっても、事前の了解がない場合は遺留分に注意

「すべての財産を長男に譲る」という遺言があっても、
「遺留分」は「遺言」に優先する

例 遺族が配偶者、長男（後継者）、次男の場合

配偶者の遺留分は4分の1、次男の遺留分は8分の1

遺留分侵害額の請求

長男はその分（2人合わせて8分の3）のお金を払うのか？

会社が買取をする場合は、会社の資金が流出する

遺留分の算定は、

- 過去10年間に贈与されたもの（特別受益）も対象になる
- 評価額は贈与時ではなく相続時の時価で算定

▼

株価が安いときに後継者に贈与しても、相続時の時価が高いと、それが相続財産に上乗せされ、遺留分の金額も増えることになる

▼

後継者は遺留分を払うための資金を調達するために、自社株を換金したりするので、会社の資金が流出

▼

オーナー社長は遺言に加え、遺留分侵害額の請求をしないように説得しておくことが必要!

平成30年の民法改正のポイント

①遺留分減殺請求権→遺留分侵害額請求権になり、現物から原則金銭での支払いに変更された
②金銭の代わりに資産（自社株等）を渡した場合、譲渡したものとされ、売却益が生じた場合、譲渡所得税を余計に負担することになる
③遺留分算定基礎財産の計算上、過去に贈与されたものは、相続前10年間に限定された（遺留分を侵害することを知って行った贈与は年数制限なし）

10 監査役がいない、または業務が限定されている

◉業務監査権限が株主に与えられる場合がある

監査役の仕事には、業務監査と会計監査があります。

業務監査権限がある場合は、監査役は取締役会に出席する義務があり、その場で意見陳述を怠り、違法行為が決議されて会社が損害を生じた場合には、株主代表訴訟の対象になるリスクがあります。

したがって、それを避けるために、監査役の業務を会計監査だけに限定するケースがあります。業務監査権限のない監査役は、取締役会に出席する義務はありません。そうなると、業務監査を行う者がいなくなるため、業務監査権限は株主に与えられることになるのです。

監査役を置いていない会社も同様で、監査権限は株主にあります。

◉情報流出のリスクあり！

では、監査役が置いていない会社や、監査役の仕事が会計監査だけに限定されている会社の場合、何が問題なのでしょうか？

それは、社内の機密情報が流出してしまうリスクが高まるということです。

なぜかというと、業務監査権限を与えられた株主は権利行使のため、必要があるときは裁判所の許可なしに、取締役会議事録（会社の重要事項を決議するので、機密事項が多いと思われる）を営業時間内であれば自由に閲覧できるからです。通常、取締役会議事録を閲覧するには、裁判所の許可を要するのですが、それが必要なくなるのです。

ちなみに、この権利は1株しか持っていない株主にも認められている権利ですので、問題株主が紛れ込んでいた場合は、悪用されてしまう可能性があります。

したがって、監査役をどうするかを決める場合は、このようなリスクを念頭に置いた上で決めることが重要といえるでしょう。

特に、会社規模が大きく、株式が分散している場合には、持株会社の活用により株主の影響を遮断することを検討しましょう。

監査役がいないケース

- 監査役を置いていない会社
- 監査役の仕事を会計監査だけに限定している会社

▼

業務監査権限は株主にある

▼

株主は裁判所の許可なしに、
取締役会議事録を営業時間内であれば自由に閲覧できる

▼

社内の機密情報が流出してしまうリスクが高まる!

取締役会議事録の閲覧

監査役がいない会社 監査役が会計監査に限定されている会社	裁判所の許可は不要
持株会社の子会社になっている会社	裁判所の許可が必要

事例 A社に監査役がいない、または会計監査に限定されているケース

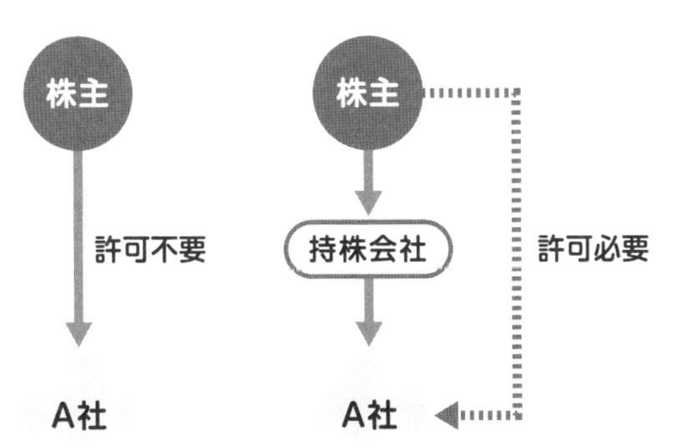

11 自社株が分散し非協力的な問題株主が存在している

◉買取請求をされると多額の資金が流出する

親族内の株主や、親族以外の株主の中に、非協力的な株主が存在している場合、会社にはさまざまなリスクがあります。

そのひとつが、反対株主の買取請求権を行使した株主から、税務上の株価を大きく上回る株価での買取を余儀なくされ、多額の資金流出につながるというリスクです。

反対株主の買取請求権の対象となるのは、「**株式の買取請求権**」「**新株予約権の買取請求権**」「**新株予約権付社債の買取請求権**」の3つです。

買取請求権を行使されると、会社は「公正な価格」で買取に応じる義務が発生し、価格が安い場合には裁判所に価格決定の申立てができますので、高値での買取を回避することはできません。

少数株主であっても、支配株主に適用されるＤＣＦ法（収益還元法）や時価純資産価額が適用されます（8章2・3項参照）。

買取請求権の行使が認められる反対株主の要件は、次の通りです。

・議決権が行使できる株主

株主総会の前に反対通知を行うとともに、株主総会でも反対の議決権を行使すること。

・議決権を行使できない株主（無議決権株式、単元未満株式等）

反対の意思表示をしなくても、無条件で買取請求権が認められている。

なお、反対の対象となる事項は左ページの通りです。

◉適法に決議していないと本来の目的達成が困難に

その他にも、法令や定款に基づき適法に決議されていない場合には、1株株主であっても、株主総会の取消訴訟や差止請求が可能となり、本来の目的を達することが困難になるというリスクもあります。

左ページに、これらのリスクを回避するための対応策をまとめておきましたので参考にしてください。

反対の対象となる事項

①合併、会社分割、株式交換、株式移転の組織再編行為
②事業譲渡、事業の全部譲受等
③全部取得条項付種類株式の発行に係る定款変更（スクイーズアウト）
④すべての株式に譲渡制限（すべての株式に譲渡制限が付与されていない場合）を付与するための定款変更
⑤譲渡制限、全部取得条項に関する種類株式を発行するための定款変更
⑥種類株式を発行している会社において、種類株主総会の決議を要しない旨を定款に定めている場合の、株式併合、株式分割、単元株式数についての定款変更、株式・新株予約権の無償割当、株主割当の新株・新株予約権の募集
⑦株式の併合をすることにより、1株に満たない端株が生ずるもの

リスクを回避するための対策

①いったん適法に買取請求権を行使されてしまうと、高値での買取に応じざるを得ないため、通常から会社経営に対して理解を深めてもらい、意思の疎通をよく図っておく
②高齢の株主は、現時点で問題がなくても、相続により承継され問題株主になる可能性があるので、相続が発生する前に持株の買取を行う
③すでに問題株主となっている場合には、法的な手段による強制買取は極力避けて、タイミングを見ながらできる限り買取る努力を継続する
④社員株主の場合は、持株会に持株を拠出してもらい、持株会の会員として規約に従って管理する
⑤グループ会社の場合、グループの持株会社の100%子会社に変更し、問題株主を持株会社の株主に置き換え、子会社間の組織再編を容易にする

おわりに

今回、私が本書を執筆したのは、これまで事業承継にスポットを当てた書籍はあっても、自社株を総合的に捉えたものはほとんどなく、かつ専門家ではない中小企業の社長が読んで理解しやすい内容の書籍が必要だと感じていたからです。株式会社経営の基本ともなる自社株のしくみを総合的に理解しないと、経営者として自ら判断することができません。事実、私がのべ1000社ほどの社長と面談してきて一番喜ばれたのは、株価評価のしくみについて納得していただいたことです。

本書では、中小企業の社長が最良の経営判断をするための自社株の知識やノウハウを理解していただくことを目的としました。少しでも自社株のしくみをご理解いただき、経営判断の材料にしていただければ、著者の望外の喜びです。なお、本書の内容は原理原則について説明したものですので、実行される場合は事前に必ず税理士等の専門家に確認していただくようお願いいたします。

最後に、本書を担当してくれた同文舘出版の戸井田さん、天才工場の皆さんに、ともすると難しくなりがちな説明について貴重なアドバイスをいただき、ようやく出版の運びとなりました。心より感謝しています。また、私がここまでコンサルタントを続けてこられたのは、タッグを組んでいただいた辻・本郷税理士法人、小沢・秋山法律事務所、司法書士法人芝トラストの皆さま、そして三和銀行時代の事業承継チームの皆さん、特に若原さん、栗岡さんのおかげです。厚く御礼を申し上げます。

田儀　雅芳

《参考文献》

『株式会社法』江頭憲治郎、有斐閣
『会社法判例インデックス』野田博、商事法務
『私法判例リマークス№48法律時報別冊』椿寿夫ほか、日本評論社
『同族会社・中小企業のための会社経営をめぐる実務一切』東京弁護士会親和全期会、自由国民社
『経営権争奪紛争の法律と実務Q&A』経営紛争研究会、日本加除出版
『非上場会社の支配権獲得戦』高村隆司、中央経済社
『会社法定款事例集』田村洋三監修、土井万二・内藤卓・尾方宏行、日本加除出版
『自社株の税務&実務—売買・保有・評価』辻・本郷税理士法人、税務経理協会
『詳説 自社株評価Q&A』尾崎三郎監修、竹内陽一・掛川雅仁、清文社
『法人税基本通達逐条解説』佐藤友一郎編著、税務研究会
『金庫株の税・会計・法律の実務Q&A』税理士法人山田&パートナーズ・優成監査法人、中央経済社
『組織再編における税制適格要件の実務Q&A』佐藤信祐、中央経済社
『事業承継の安心手引』辻・本郷税理士法人ほか、アール・シップ
『特例事業承継税制 徹底活用マニュアル』今仲清、ぎょうせい
『経営承継法における非上場株式等評価ガイドライン』中小企業庁
『非上場株式評価の実務』佐藤信祐、日本法令
『MBAファイナンス』グロービス経営大学院、ダイヤモンド社
『M&Aそこが知りたい！ プロが教える会社の上手な売り方失敗しない買い方』木俣貴光、アーク出版
『中小企業M&A34の真実』藤井一郎、東洋経済新報社
『スクイーズアウトの法務と税務』松尾拓也ほか、中央経済社
『株式買取請求の法務と税務』藤原総一郎ほか、中央経済社
『事業承継に活かす従業員持株会の法務・税務』牧口晴一・齋藤孝一、中央経済社
『従業員持株会導入の手引』大森正嘉・後藤陽子、三菱UFJリサーチ&コンサルティング

著者略歴

田儀 雅芳（たぎ　まさよし）

資本戦略研究所 代表

1948年、東京都生まれ。両親とも日本銀行の行員、祖父も日本銀行出身という銀行マン一家に生まれる。慶応大学経済学部卒業後、三和銀行（現・三菱ＵＦＪ銀行）に入行。大阪市内の支店に配属され、預金、出納、貸付業務全般を学ぶ。東和証券（現・三菱UFJモルガン・スタンレー証券）への出向を経て、自社株を含めた事業承継が新たな経営課題となる中、古巣の銀行に呼び戻され、「自社株の専門家」として15年間、上場会社から中小企業まで数多くの企業のコンサルティングを行う。その後、三菱ＵＦＪ個人財務アドバイザーズに11年間勤務。30年間で約1,000社のコンサルティングを行い、事業継承にまつわる様々なトラブルから救ってきた。65歳で独立し、過去に日本マクドナルドの藤田田氏のコンサルティング等を行ってきた経験から、上場会社や大手企業等で顧問あるいは監査役として、会社の根本的な要である資本戦略の中枢を担っている。ミッションは、「生涯現役でコンサルタントを続けて、１社でも多くの会社を自社株トラブルから救う」こと。

［お問い合わせ］

資本戦略研究所

https://shihonsenryaku.net/

〒160-0023　東京都新宿区西新宿1-4-11 全研プラザビル　Spaces 新宿

最新版　ビジネス図解

非公開会社の自社株のしくみがわかる本

2023年9月29日　初版発行

著　者 ―― 田儀　雅芳

発行者 ―― 中島　豊彦

発行所 ―― 同文舘出版株式会社

東京都千代田区神田神保町 1-41　〒101-0051

電話　営業 03（3294）1801　編集 03（3294）1802

振替 00100-8-42935　https://www.dobunkan.co.jp

ISBN978-4-495-54150-7

印刷／製本：萩原印刷　Printed in Japan 2023